INFINITE
MATHEMATICS

인피니트

수학

곽성은 저

대입
수학
논술
1

도서출판다가

들어가며

30년 동안 대학에서 교양수학을 강의하면서 창의력이 풍부한 학생들은 수학 문제 풀이법을 독창적으로 풀어간다는 공통점을 발견하였고, 그런 관점에서 대학입시에 필요한 수리논술의 독창적인 수학문제들을 개발하게 되었습니다.

학생들이 정답을 보지 않고 어떤 방식으로 문제를 해결할지 고민한 후 떠오르는 이론을 빈칸에 적으면서 논리적으로 풀어가는 방식으로 훈련을 하다 보면 대입 논술에 많은 도움이 될 것이라는 판단이 들었습니다.

빨리 문제들을 풀겠다는 생각을 버리고 어떤 이론들이 이 문제에 숨어있는가를 먼저 기억하며 많은 생각을 하면서 훈련을 한다면, 대입 수리논술 시험장에서도 당황하지 않고 차분한 마음으로 문제를 술술 풀어가게 될 것입니다.

이 책에 있는 문제들은 기존에 많이 봐왔던 문제들을 배제하고 새롭고 독창적인 문제들로 창작하여 학생들이 창의적인 사고로 논리적으로 문제풀이를 하는 데 도움이 될 수 있도록 하였습니다. 아무쪼록 이 책이 여러분 모두에게 많은 도움이 된다면 저자는 30년 동안 만든 일만 가지 문제들에 자부심을 느끼며 기쁘게 생각할 것입니다.

여러분 모두 앞날에 행운이 있길 기원합니다.

지은이 곽성은

차 례

INFINITE
MATHEMATICS

부 등 식 1

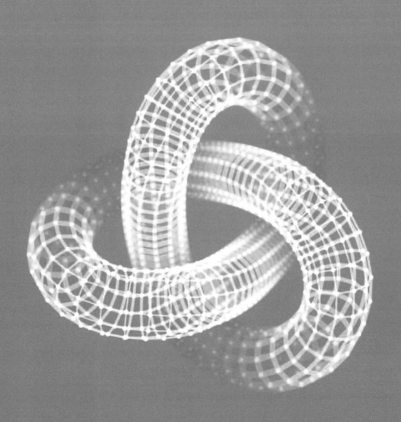

$$a_i, b_i \in R \Rightarrow \left(\sum_{i=1}^{n} a_i b_i \right)^2 \leq \left(\sum_{i=1}^{n} a_i^2 \right)\left(\sum_{i=1}^{n} b_i^2 \right)$$

[문제1] $a, b \in R$ 일 때, 부등식 $(a\cos\theta + b\sin\theta)^2 \leq a^2 + b^2$이 성립함을 증명해 보자.

증명

Cauchy-Schwarz 부등식에 의해 다음 부등식이 성립한다.

$$(a\cos\theta + b\sin\theta)^2 \leq (a^2 + b^2)(\cos^2\theta + \sin^2\theta) = a^2 + b^2$$

[문제2] $a_i , b_i \in R$일 때, 부등식 $\sqrt{\displaystyle\sum_{i=1}^{n} (a_i + b_i)^2} \leq \sqrt{\displaystyle\sum_{i=1}^{n} a_i^2} + \sqrt{\displaystyle\sum_{i=1}^{n} b_i^2}$
이 성립함을 증명해 보자.

증명

$A = \displaystyle\sum_{k=1}^{n} a_k^2,\ B = \displaystyle\sum_{k=1}^{n} a_k b_k,\ C = \displaystyle\sum_{k=1}^{n} b_k^2$ 라고 하면, [정리1]에 의해

$B \leq \sqrt{AC}$ 이 성립한다.

$$\therefore \sqrt{\sum_{k=1}^{n} (a_k + b_k)^2} = \sqrt{A + 2B + C} \leq \sqrt{A + 2\sqrt{AC} + C} = \sqrt{A} + \sqrt{C}$$

$$= \sqrt{\sum_{k=1}^{n} a_k^2} + \sqrt{\sum_{k=1}^{n} b_k^2}$$

[문제3] $a_i b_i = 1$, $(1 \leq i \leq n)$, $a_i \in R^+$ 일 때, 부등식

$n^2 \leq \left(\sum_{i=1}^{n} a_i \right) \left(\sum_{i=1}^{n} \dfrac{1}{a_i} \right)$ 이 성립함을 증명해 보자.

증 명

$a_i = c_i$, $b_i = \dfrac{1}{c_i}$ 라고 하면 [정리1]에 의해 다음 부등식이 성립한다.

$$n^2 = (1+1+\cdots+1)^2 = \left(\sum_{i=1}^{n} \sqrt{c_i} \cdot \frac{1}{\sqrt{c_i}} \right)^2 \leq \left(\sum_{i=1}^{n} c_i \right) \left(\sum_{i=1}^{n} \frac{1}{c_i} \right)$$

$$\therefore \ n^2 \leq \left(\sum_{i=1}^{n} a_i \right) \left(\sum_{i=1}^{n} \frac{1}{a_i} \right)$$

[문제4] $0 \le x \le \dfrac{\pi}{2}$ 일 때, 부등식 $1 \le \dfrac{\sin^2 x}{\cos x} + \dfrac{\cos^2 x}{\sin x}$ 이 성립함을 증명해 보자.

증명

[정리1]에 의해 다음 부등식이 성립한다.

$$(\sin x + \cos x)^2 = \left(\sqrt{\sin x}\, \frac{\cos x}{\sqrt{\sin x}} + \sqrt{\cos x}\, \frac{\sin x}{\sqrt{\cos x}} \right)^2$$

$$\le (\sin x + \cos x)\left(\frac{\cos^2 x}{\sin x} + \frac{\sin^2 x}{\cos x} \right)$$

$$\therefore \frac{\cos^2 x}{\sin x} + \frac{\sin^2 x}{\cos x} \ge \sin x + \cos x = \sqrt{2}\,\sin\left(x + \frac{\pi}{4} \right) \ge 1$$

[문제5] $a, b, c, d \in R^+$일 때, 부등식 $\dfrac{a^2+b^2}{c+d} \leq \dfrac{a^2}{c}+\dfrac{b^2}{d}$ 이 성립함을 증명해 보자.

증명

[정리1]에 의해 다음 부등식이 성립한다.

$$(a+b)^2 = \left(\sqrt{c}\,\frac{a}{\sqrt{c}} + \sqrt{d}\,\frac{b}{\sqrt{d}}\right)^2 \leq (c+d)\left(\frac{a^2}{c}+\frac{b^2}{d}\right)$$

$$\Rightarrow \frac{a^2}{c}+\frac{b^2}{d} \geq \frac{(a+b)^2}{c+d} \geq \frac{a^2+b^2}{c+d}$$

$$\therefore \frac{a^2+b^2}{c+d} \leq \frac{a^2}{c}+\frac{b^2}{d}$$

[문제6] $a, b, c \in R^+$, $abc = 1$일 때, 다음 부등식이 성립함을 증명해 보자.

$$\frac{3}{2} \leq \frac{1}{a^3(b+c)} + \frac{1}{b^3(a+c)} + \frac{1}{c^3(a+b)}$$

증명

[정리1]에 의해 부등식 $(a_1 + a_2 + a_3)^2 \leq (b_1 + b_2 + b_3)\left(\dfrac{a_1^2}{b_1} + \dfrac{a_2^2}{b_2} + \dfrac{a_3^2}{b_3}\right)$

$\Rightarrow \dfrac{(a_1 + a_2 + a_3)^2}{b_1 + b_2 + b_3} \leq \dfrac{a_1^2}{b_1} + \dfrac{a_2^2}{b_2} + \dfrac{a_3^2}{b_3}$ 이 성립한다. 이를 (1)이라 하자.

$\therefore \dfrac{\frac{1}{a^2}}{a(b+c)} + \dfrac{\frac{1}{b^2}}{b(a+c)} + \dfrac{\frac{1}{c^2}}{c(a+b)} \overset{(1)}{\longleftrightarrow} \geq \dfrac{\left(\frac{1}{a} + \frac{1}{b} + \frac{1}{c}\right)^2}{a(b+c) + b(a+c) + c(a+b)}$

$= \dfrac{ab + bc + ca}{2}$

$\geq \dfrac{3}{2}\sqrt[3]{(abc)^2} = \dfrac{3}{2}$ (∵ 산술평균 ≥ 기하평균)

[문제7] $a, b, c \in R$, $a+b+c=1$ 일 때, 부등식 $ab+bc+ca \leq \dfrac{1}{3}$ 이 성립함을 증명해 보자.

증명

[정리1]에 의해 $(a+b+c)^2 \leq \left(a^2+b^2+c^2\right)(1+1+1)$

$\Rightarrow 1 \leq 3\left(a^2+b^2+c^2\right)$

$\Rightarrow -\dfrac{1}{3} \geq -\left(a^2+b^2+c^2\right)$ ········ (1)

$\therefore ab+bc+ca = \dfrac{(a+b+c)^2 - \left(a^2+b^2+c^2\right)}{2} = \dfrac{1 - \left(a^2+b^2+c^2\right)}{2}$

$\overset{(1)}{\Longleftrightarrow} \leq \dfrac{1 - \dfrac{1}{3}}{2} = \dfrac{1}{3}$

[문제8] $a, b, c \in R^+$, $a+b+c=1$일 때, 다음 부등식이 성립함을 증명해 보자. $\dfrac{1}{2} \leq \dfrac{a^2}{b+c} + \dfrac{b^2}{c+a} + \dfrac{c^2}{a+b}$

증명

[정리1]에 의해

$$\left(\dfrac{a^2}{b+c} + \dfrac{b^2}{c+a} + \dfrac{c^2}{a+b} \right)(b+c+c+a+a+b) \geq (a+b+c)^2 = 1$$

$$\Rightarrow \therefore \dfrac{a^2}{b+c} + \dfrac{b^2}{c+a} + \dfrac{c^2}{a+b} \geq \dfrac{1}{2(a+b+c)} = \dfrac{1}{2}$$

[문제9] $x, y, z \in R^+$, $x+y+z = xy+yz+zx$일 때, 다음 부등식이 성립함을 증명해 보자. $\dfrac{1}{x^2+y+1} + \dfrac{1}{y^2+z+1} + \dfrac{1}{z^2+x+1} \leq 1$

$x^2 + y^2 + z^2$

$$= \frac{x^2 + y^2}{2} + \frac{y^2 + z^2}{2} + \frac{z^2 + x^2}{2} \geq xy + yz + zx \cdots\cdots (1)$$

(1)에 의해 $(x + y + z)^2 \geq 3(xy + yz + zx) \xleftrightarrow{\text{조건식}} 3(x + y + z)$

$$\Rightarrow x + y + z \geq 3 \cdots\cdots (2)$$

[정리1]에 의해 $(x + y + z)^2 \leq (x^2 + y + 1)(1 + y + z^2)$

$$\Rightarrow \frac{1}{x^2 + y + 1} \leq \frac{1 + y + z^2}{(x + y + z)^2} \text{ 이 성립한다.}$$

같은 방식으로 다음 부등식도 성립한다.

$$\frac{1}{y^2 + z + 1} \leq \frac{1 + z + x^2}{(x + y + z)^2}, \frac{1}{z^2 + x + 1} \leq \frac{1 + x + y^2}{(x + y + z)^2}$$

세 부등식을 더하면 다음 부등식이 성립한다.

$$\therefore \frac{1}{x^2 + y + 1} + \frac{1}{y^2 + z + 1} + \frac{1}{z^2 + x + 1}$$

$$\leq \frac{3 + (x + y + z) + (x^2 + y^2 + z^2)}{(x + y + z)^2} \xleftrightarrow{(2)} \leq \frac{2(x + y + z) + (x^2 + y^2 + z^2)}{(x + y + z)^2}$$

$\xleftarrow{\text{조건식}}$

$$= \frac{2(xy + yz + zx) + x^2 + y^2 + z^2}{(x + y + z)^2} = \frac{(x + y + z)^2}{(x + y + z)^2} = 1$$

[문제10] $x, y, z \in R^+$일 때, 다음 부등식이 성립함을 증명해 보자.

$$2 \leq \frac{1+x^2}{1+y+z^2} + \frac{1+y^2}{1+z+x^2} + \frac{1+z^2}{1+x+y^2}$$

$a^2+b^2+c^2 \geq ab+bc+ca \Rightarrow (a+b+c)^2 \geq 3(ab+bc+ca)$

$= a(b+2c)+b(c+2a)+c(a+2b) \cdots\cdots (1)$

$\left(\dfrac{a}{b+2c} + \dfrac{b}{c+2a} + \dfrac{c}{a+2b} \right)(a(b+2c)+b(c+2a)+c(a+2b)) \xleftarrow{\text{[정리1]}}$

$\geq (a+b+c)^2$

$\xleftarrow{(1)} \geq a(b+2c)+b(c+2a)+c(a+2b)$

$\Rightarrow \dfrac{a}{b+2c} + \dfrac{b}{c+2a} + \dfrac{c}{a+2b} \geq 1 \cdots\cdots (2)$

$\dfrac{1+x^2}{2} \geq x, \ \dfrac{1+y^2}{2} \geq y, \ \dfrac{1+z^2}{2} \geq z \cdots\cdots\cdots (3)$

$a=1+x^2, b=1+y^2, c=1+z^2$ 라고 하자.

(2)식에 대입하면 다음과 같다.

$\therefore \ 2 \leq \dfrac{2(1+x^2)}{1+y^2+2(1+z^2)} + \dfrac{2(1+y^2)}{1+z^2+2(1+x^2)} + \dfrac{2(1+z^2)}{1+x^2+2(1+y^2)}$

$= \dfrac{1+x^2}{\dfrac{1+y^2}{2}+1+z^2} + \dfrac{1+y^2}{\dfrac{1+z^2}{2}+1+x^2} + \dfrac{1+z^2}{\dfrac{1+x^2}{2}+1+y^2}$

$\xleftarrow{(3)} \leq \dfrac{1+x^2}{1+y+z^2} + \dfrac{1+y^2}{1+z+x^2} + \dfrac{1+z^2}{1+x+y^2}$

[문제11] $\forall\ x_i \in R^+$ 일 때, 부등식 $\displaystyle\sum_{i=1}^{n} x_i \leq \frac{x_1^2}{x_2} + \frac{x_2^2}{x_3} + \cdots + \frac{x_n^2}{x_1}$ 이 성립함을 증명해 보자.

증명

[정리1]에 의해 $\left(x_1 + x_2 + \cdots + x_n\right)^2 \leq \left(x_2 + x_3 + \cdots + x_n + x_1\right)$

$\times \left(\dfrac{x_1^2}{x_2} + \cdots + \dfrac{x_n^2}{x_1}\right)$ 이 성립한다.

$\Rightarrow \therefore x_1 + x_2 + \cdots + x_n \leq \dfrac{x_1^2}{x_2} + \dfrac{x_2^2}{x_3} + \cdots + \dfrac{x_{n-1}^2}{x_n} + \dfrac{x_n^2}{x_1}$

[문제12] $0 < a, b, c < 1$일 때, 부등식 $3 \leq \dfrac{1}{1-a} + \dfrac{1}{1-b} + \dfrac{1}{1-c}$ 이 성립함을 증명해 보자.

증 명

산술평균, 기하평균으로 다음 부등식이 성립한다.

$3 - 3\sqrt[3]{abc} \geq 3 - (a+b+c) \cdots\cdots\cdots (1)$

$\Rightarrow (3 - 3\sqrt[3]{abc})\left(\dfrac{1}{1-a} + \dfrac{1}{1-b} + \dfrac{1}{1-c} \right) \overset{(1)}{\Longleftrightarrow}$

$\geq (3 - a - b - c)\left(\dfrac{1}{1-a} + \dfrac{1}{1-b} + \dfrac{1}{1-c} \right)$

$= (1 - a + 1 - b + 1 - c)\left(\dfrac{1}{1-a} + \dfrac{1}{1-b} + \dfrac{1}{1-c} \right) \overset{[정리1]}{\Longleftrightarrow} \geq 9$

$\therefore \dfrac{3}{1 - \sqrt[3]{abc}} \leq \dfrac{1}{1-a} + \dfrac{1}{1-b} + \dfrac{1}{1-c}$

[문제13] $a, b, c, d \in R^+$, $abcd = 1$일 때, 다음 부등식이 성립함을 증명해 보자. $4 \le \dfrac{1+ab}{1+a} + \dfrac{1+bc}{1+b} + \dfrac{1+cd}{1+c} + \dfrac{1+da}{1+d}$

$a = \dfrac{x}{w}, b = \dfrac{y}{x}, c = \dfrac{z}{y}, d = \dfrac{w}{z}$ 라고 하면

$ab = \dfrac{y}{w}, bc = \dfrac{z}{x}, cd = \dfrac{w}{y}, da = \dfrac{x}{z}$ 이다.

$$\left(\frac{w+y}{w+x} + \frac{w+y}{y+z}\right)(w+x+y+z) \xleftarrow{\text{[정리1]}} \geq \left(\sqrt{w+y} + \sqrt{w+y}\right)^2$$

$$= 4(w+y) \cdots\cdots (1)$$

$$\left(\frac{x+z}{x+y} + \frac{x+z}{z+w}\right)(x+y+z+w) \xleftarrow{\text{[정리1]}} \geq \left(\sqrt{x+z} + \sqrt{x+z}\right)^2$$

$$= 4(x+z) \cdots\cdots (2)$$

두 부등식을 더하면 다음과 같다.

$$\Rightarrow (x+y+z+w)\left(\frac{w+y}{w+x} + \frac{x+z}{x+y} + \frac{w+y}{y+z} + \frac{z+x}{z+w}\right) \geq 4(x+y+z+w)$$

$$\Rightarrow \frac{1+\dfrac{y}{w}}{1+\dfrac{x}{w}} + \frac{1+\dfrac{z}{x}}{1+\dfrac{y}{x}} + \frac{1+\dfrac{w}{y}}{1+\dfrac{z}{y}} + \frac{1+\dfrac{x}{z}}{1+\dfrac{w}{z}} \geq 4$$

여기에

$a = \dfrac{x}{w}, b = \dfrac{y}{x}, c = \dfrac{z}{y}, d = \dfrac{w}{z},$

$ab = \dfrac{y}{w}, bc = \dfrac{z}{x}, cd = \dfrac{w}{y}, da = \dfrac{x}{z}$ 을 대입하면, 다음 부등식이 된다.

$$\therefore \; 4 \leq \frac{1+ab}{1+a} + \frac{1+bc}{1+b} + \frac{1+cd}{1+c} + \frac{1+da}{1+d}$$

[문제14] $a, b, c \in R^+$, $a+b+c = 1$일 때, 다음 부등식이 성립함을 증명해 보자. $1 + \sqrt{ab} + \sqrt{bc} + \sqrt{ca} \leq \sqrt{a+bc} + \sqrt{b+ca} + \sqrt{c+ab}$

증명

[정리1]에 의해

$\left(\sqrt{ab}+c\right)^2 \leq (a+c)(b+c) \Rightarrow \sqrt{ab}+c \leq \sqrt{(a+c)(b+c)}$

$\sqrt{bc}+a \leq \sqrt{(b+a)(c+a)}$, $\sqrt{ca}+b \leq \sqrt{(c+b)(a+b)}$ $\cdots\cdots (1)$

$\therefore \sqrt{ab+c} + \sqrt{bc+a} + \sqrt{ca+b}$

$= \sqrt{ab+c(a+b+c)} + \sqrt{bc+a(a+b+c)} + \sqrt{ca+b(a+b+c)}$

$= \sqrt{(a+c)(b+c)} + \sqrt{(b+a)(c+a)} + \sqrt{(c+b)(a+b)}$ $\overset{(1)}{\longleftrightarrow}$

$\geq a+b+c + \sqrt{ab} + \sqrt{bc} + \sqrt{ca} = 1 + \sqrt{ab} + \sqrt{bc} + \sqrt{ca}$

[문제15] $a, b, c \in R^+$, $a+b+c=1$일 때, 다음 부등식이 성립함을 증명해 보자. $\sqrt{1+4a} + \sqrt{1+4b} + \sqrt{1+4c} \leq \sqrt{21}$

증명

[정리1]에 의해 다음 부등식이 성립한다.

$$\left(\sqrt{4a+1} + \sqrt{4b+1} + \sqrt{4c+1}\right)^2 \leq (1+1+1)(4a+1+4b+1+4c+1)$$
$$= 3(4(a+b+c)+3)$$
$$\therefore \sqrt{4a+1} + \sqrt{4b+1} + \sqrt{4c+1} \leq \sqrt{21}$$

[문제16] $a, b, c \in R^+$, $a^2 + b^2 + c^2 = 3$일 때, 다음 부등식이 성립함을 증명하자. $\dfrac{(a+b+c)^2}{12} \leq \dfrac{a^2}{2+b+c^2} + \dfrac{b^2}{2+c+a^2} + \dfrac{c^2}{2+a+b^2}$

[정리1]에 의해 다음 부등식이 성립한다.

$$(a+b+c)^2 = \left(\sqrt{2+b+c^2} \, \frac{a}{\sqrt{2+b+c^2}} + \sqrt{2+c+a^2} \, \frac{b}{\sqrt{2+b+a^2}} \right.$$
$$\left. + \sqrt{2+a+b^2} \, \frac{c}{\sqrt{2+a+b^2}} \right)^2$$

$$\leq \left(2+b+c^2 + 2+c+a^2 + 2+a+b^2 \right)\left(\frac{a^2}{2+b+c^2} + \frac{b^2}{2+c+a^2} + \frac{c^2}{2+a+b^2} \right)$$

$$\Rightarrow \frac{a^2}{2+b+c^2} + \frac{b^2}{2+c+a^2} + \frac{c^2}{2+a+b^2} \geq \frac{(a+b+c)^2}{6+a+b+c+a^2+b^2+c^2}$$

$$\cdots\cdots\cdots (1)$$

산술평균, 기하평균에 의해 다음 부등식이 성립한다.

$$(a+b+c)^2 = a^2+b^2+c^2+2(ab+bc+ca) \leq 3(a^2+b^2+c^2)$$

$$\xrightarrow{\text{조건식}} a+b+c \leq 3 \,\cdots\cdots (2)$$

$$6+a+b+c+a^2+b^2+c^2 = 9+a+b+c \xleftrightarrow{(2)} \leq 12 \text{ 이 부등식을}$$

(1)식에 대입하면 다음 부등식이 성립한다.

$$\therefore \quad \frac{(a+b+c)^2}{12} \leq \frac{a^2}{2+b+c^2} + \frac{b^2}{2+c+a^2} + \frac{c^2}{2+a+b^2}$$

[**문제17**] $a, b, c \in R^+$, $a+b+c = \dfrac{1}{a} + \dfrac{1}{b} + \dfrac{1}{c}$ 일 때, 다음 부등식이 성립함을 증명해 보자.

$$\sqrt{a^2+1} + \sqrt{b^2+1} + \sqrt{c^2+1} \leq \sqrt{2}\,(a+b+c)$$

증명

[정리1]에 의해 다음 부등식이 성립한다.

$$\sqrt{a^2+1}+\sqrt{b^2+1}+\sqrt{c^2+1} \leq \sqrt{(a+b+c)\left(\frac{a^2+1}{a}+\frac{b^2+1}{b}+\frac{c^2+1}{c}\right)}$$

$\cdots\cdots (1)$

$$\therefore \sqrt{2}\,(a+b+c) = \sqrt{(a+b+c)(2a+2b+2c)}$$

$$= \sqrt{(a+b+c)\left(a+b+c+\frac{1}{a}+\frac{1}{b}+\frac{1}{c}\right)}$$

$$= \sqrt{(a+b+c)\left(a+\frac{1}{a}+b+\frac{1}{b}+c+\frac{1}{c}\right)}$$

$$= \sqrt{(a+b+c)\left(\frac{a^2+1}{a}+\frac{b^2+1}{b}+\frac{c^2+1}{c}\right)}$$

$$\overset{(1)}{\longleftrightarrow}$$

$$\geq \sqrt{a^2+1}+\sqrt{b^2+1}+\sqrt{c^2+1}$$

[문제18] $a, b, c > 1$일 때, 다음 부등식이 성립함을 증명해 보자.

$$\frac{(1-abc)(a+b+c)}{1-\sqrt[3]{abc}} \leq \frac{a(1-a^3)}{1-a} + \frac{b(1-b^3)}{1-b} + \frac{c(1-c^3)}{1-c}$$

산술평균, 기하평균에 의해 다음 부등식이 성립한다.

$$\frac{5a^3+2b^3+2c^3}{9} \geq a\sqrt[3]{(abc)^2}, \quad \frac{2a^3+5b^3+2c^3}{9} \geq b\sqrt[3]{(abc)^2},$$

$$\frac{2a^3+2b^3+5c^3}{9} \geq c\sqrt[3]{(abc)^2}$$

세 부등식을 더하면, $a^3+b^3+c^3 \geq (a+b+c)\sqrt[3]{(abc)^2}$ ········ (1)

$a^2+b^2+c^2-(a+b+c)\sqrt[3]{abc} \xrightarrow{[정리1]}$

$$\geq \frac{(a+b+c)^2}{3}-(a+b+c)\sqrt[3]{abc}$$

$$=(a+b+c)\left(\frac{a+b+c}{3}-\sqrt[3]{abc}\right) \geq 0$$

$$\Rightarrow a^2+b^2+c^2 \geq (a+b+c)\sqrt[3]{abc} \quad \cdots\cdots (2)$$

$(1)+(2)+a+b+c$ 하면 다음 부등식이 성립한다.

$$\therefore a(1+a+a^2)+b(1+b+b^2)+c(1+c+c^2)\geq$$

$$(a+b+c)(1+\sqrt[3]{abc}+\sqrt[3]{(abc)^2})$$

$$\Rightarrow a\left(\frac{1-a^3}{1-a}\right)+b\left(\frac{1-b^3}{1-b}\right)+c\left(\frac{1-c^3}{1-c}\right) \geq (a+b+c)\left(\frac{1-abc}{1-\sqrt[3]{abc}}\right)$$

[문제19] $a, b, c \in R^+$, $a+b+c=1$일 때, 다음 부등식이 성립함을 증명해 보자.

$$\frac{4}{1+a^2+b^2+c^2} \leq \frac{a+c}{b+c} + \frac{b+a}{c+a} + \frac{c+b}{a+b}$$

$a^2 + b^2 + c^2 \geq ab + bc + ca$ ·········· (1)

$(a+c)(b+c) + (b+a)(c+a) + (c+b)(a+b) = (a+b+c)^2 + ab + bc$
$+ ca$ ········ (2)

$\left(\dfrac{a+c}{b+c} + \dfrac{b+a}{c+a} + \dfrac{c+b}{a+b} \right) ((a+c)(b+c) + (b+a)(c+a) + (c+b)(a+b))$

$\overset{[정리1]}{\longleftrightarrow}$

$\geq (a+c+b+a+c+b)^2 \overset{조건식}{\longleftrightarrow} = 4$

$\therefore \dfrac{a+c}{b+c} + \dfrac{b+a}{c+a} + \dfrac{c+b}{a+b} \geq \dfrac{4}{(a+c)(b+c) + (b+a)(c+a) + (c+b)(a+b)}$

$\overset{(2)}{\longleftrightarrow}$

$= \dfrac{4}{1 + ab + bc + ca} \overset{(1)}{\longleftrightarrow} \geq \dfrac{4}{1 + a^2 + b^2 + c^2}$

[문제20] $a, b, c \in R^+$, $abc = 1$일 때,

부등식 $1 \leq \dfrac{a}{2+bc} + \dfrac{b}{2+ca} + \dfrac{c}{2+ab}$ 이 성립함을 증명해 보자.

증 명

산술평균, 기하평균, 조건식에 의해 다음 부등식이 성립한다.

$a+b+c \geq 3 \Rightarrow (a+b+c-1)^2 \geq 4 \Rightarrow (a+b+c)^2 \geq 2(a+b+c)+3$

$\cdots\cdots (1)$

$\left(\dfrac{a}{2+bc} + \dfrac{b}{2+ca} + \dfrac{c}{2+ab}\right)(a(2+bc)+b(2+ca)+c(2+ab)) \xleftarrow{\text{[정리1]}}$

$\geq (a+b+c)^2$

$\therefore \dfrac{a}{2+bc} + \dfrac{b}{2+ca} + \dfrac{c}{2+ab} \geq \dfrac{(a+b+c)^2}{2(a+b+c)+3abc}$

$\xleftrightarrow{\text{(조건식)}} = \dfrac{(a+b+c)^2}{2(a+b+c)+3}$

$\xleftrightarrow{(1)} \geq 1$

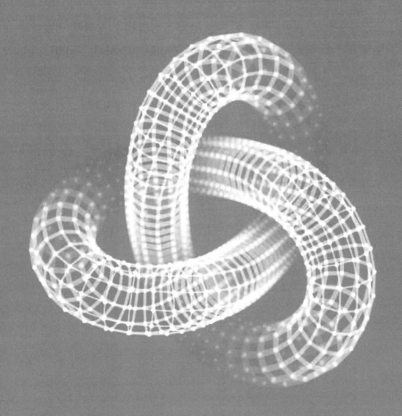

일 반 항 2

정리 2 〉 Recurrence 정리

a_1, a_2, $a_{n+2} = pa_{n+1} + qa_n$, $(p, q \in R)$

(1). $\alpha, \beta : x^2 - px - q = 0$의 근 $\Rightarrow a_n = u\alpha^n + v\beta^n$

(2). $\alpha : x^2 - px - q = 0$의 중근 $\Rightarrow a_n = u\alpha^n + nv\alpha^n$

증명

(1) 조건식에서 $\alpha^2 = p\alpha + q$, $\beta^2 = p\beta + q$가 성립한다. 수학적 귀납법에
의해 $a_{n-1} = u\alpha^{n-1} + v\beta^{n-1}$이 성립한다고 가정하자. 그러면

$\therefore a_n = pa_{n-1} + qa_{n-2} = p(u\alpha^{n-1} + v\beta^{n-1}) + q(u\alpha^{n-2} + v\beta^{n-2})$

$= u\alpha^{n-2}(p\alpha + q) + v\beta^{n-2}(p\beta + q) = u\alpha^n + v\beta^n$ 성립한다.

(2) 조건식에서 $\alpha^2 = p\alpha + q$, $p^2 = -4q$, $\alpha = \dfrac{p}{2} \Rightarrow p\alpha = \dfrac{p^2}{2} = -2q$이

성립한다. 수학적 귀납법에 의해 $a_{n-1} = u\alpha^{n-1} + (n-1)v\alpha^{n-1}$이
성립한다고 가정하자. 그러면

$\therefore a_n = pa_{n-1} + qa_{n-2} = p(u\alpha^{n-1} + (n-1)v\alpha^{n-1}) +$

$\qquad q(u\alpha^{n-2} + (n-2)v\alpha^{n-2})$

$\qquad = u\alpha^{n-2}(p\alpha + q) + nv\alpha^{n-2}(p\alpha + q) - v\alpha^{n-2}(p\alpha + 2q)$

$\qquad = u\alpha^n + nv\alpha^n$ 성립한다.

[문제21] $a_1 = a_2 = 1$, 점화식 $a_{n+2} = a_{n+1} + a_n$을 만족할 때, 일반항 a_n을 구하자.

👉 **풀이**

[정리2]에 의해 $x = \dfrac{1 \pm \sqrt{5}}{2}$ 은 $x^2 - x - 1 = 0$의 근이다.

$$1 = a_1 = u\left(\frac{1 + \sqrt{5}}{2}\right) + v\left(\frac{1 - \sqrt{5}}{2}\right),\ 1 = a_2$$

$$= u\left(\frac{1 + \sqrt{5}}{2}\right)^2 + v\left(\frac{1 - \sqrt{5}}{2}\right)^2 = u\left(\frac{3 + \sqrt{5}}{2}\right) + v\left(\frac{3 - \sqrt{5}}{2}\right)$$

두 연립방정식을 풀면 $u = \dfrac{1}{\sqrt{5}}$, $v = -\dfrac{1}{\sqrt{5}}$ 이다.

$$\therefore a_n = \frac{1}{\sqrt{5}}\left(\frac{1 + \sqrt{5}}{2}\right)^n - \frac{1}{\sqrt{5}}\left(\frac{1 - \sqrt{5}}{2}\right)^n$$

[문제22] $a_1 = 1$, 점화식 $a_{n+1} = \dfrac{2a_n + 3}{2a_n - 3}$ 을 만족할 때, 일반항 a_n 을 구하라.

풀이

$x = \dfrac{2x+3}{2x-3} \Rightarrow 2x^2 - 5x - 3 = 0 \Rightarrow x = 3, \ -\dfrac{1}{2}$ 이 성립한다.

점화식에 각각 $3, \ -\dfrac{1}{2}$ 을 빼주고 정돈하면 다음과 같은 식이 만들어 진다.

$$a_{n+1} - 3 = \dfrac{-4(a_n - 3)}{2a_n - 3} \ , \ 2a_{n+1} + 1 = \dfrac{3(2a_n + 1)}{2a_n - 3}$$

두 식을 나누면 다음과 같다.

$$\dfrac{a_{n+1} - 3}{2a_{n+1} + 1} = \left(-\dfrac{4}{3}\right)\left(\dfrac{a_n - 3}{2a_n + 1}\right) \Rightarrow \cdots \Rightarrow \dfrac{a_n - 3}{2a_n + 1}$$

$$= \left(-\dfrac{4}{3}\right)^{n-1}\left(\dfrac{a_1 - 3}{2a_1 + 1}\right) = \dfrac{1}{2}\left(-\dfrac{4}{3}\right)^{n}$$

$$\Rightarrow \therefore a_n = \dfrac{3 + \dfrac{1}{2}\left(-\dfrac{4}{3}\right)^{n}}{1 - \left(-\dfrac{4}{3}\right)^{n}} = \dfrac{3^{n+1} - 2(-4)^{n-1}}{3^n - (-4)^n} \ , \ (n \geq 2)$$

[문제23] $a_1 = 1$, 점화식 $na_n = (n-1)\sum\limits_{i=1}^{n} a_i$을 만족할 때, 일반항 a_n을 구하라.

 풀이

급수 $s_n = \sum\limits_{i=1}^{n} a_i$라고 하면, 점화식을 다음과 같이 나타낼 수 있다.

$na_n = (n-1)s_n$, $(n+1)a_{n+1} = ns_{n+1}$

$\Rightarrow s_n = \dfrac{na_n}{n-1}$, $(n+1)a_{n+1} = n(s_n + a_{n+1}) = n\left(\dfrac{na_n}{n-1} + a_{n+1}\right)$

$\Rightarrow (n+1)(n-1)a_{n+1} = n^2 a_n + n(n-1)a_{n+1} \Rightarrow a_{n+1} = \left(\dfrac{n^2}{n-1}\right)a_n$

$\Rightarrow \ldots$

$\therefore a_n = \dfrac{((n-1)!)^2}{(n-2)!} = (n-1) \cdot (n-1)!$

[문제24] $a_1 = \dfrac{3}{2}$, $a_2 = 1$ 점화식 $a_n = 4a_{n-1} - 4a_{n-2}$을 만족할 때, 일반항 a_n을 구하여라.

 풀이

$x^2 - 4x + 4 = 0 \Rightarrow x = 2$인 중근이므로 [정리2]에 의해 일반항은 다음과 같다. $a_n = u \cdot 2^n + nv \cdot 2^n$ 이고, 초기 조건을 대입하면 다음 연립방정식이 나타난다. $\dfrac{3}{2} = 2u + 2v$, $1 = 4u + 8v \Rightarrow v = -\dfrac{1}{2}$, $u = \dfrac{5}{4}$ 이다.

$\therefore a_n = 5 \cdot 2^{n-2} - n \cdot 2^{n-1}$

[문제25] $a_1 = 4,\ a_2 = 9,$ 점화식 $a_{n+2} = 5a_{n+1} - 6a_n - 2n^2 + 6n + 1$ 을 만족할 때, 일반항 a_n을 구하여라.

풀이

$x^2 - 5x + 6 = 0 \Rightarrow x = 2, 3$이고, 등식 $0 = -2n^2 + 6n + 1$을 변형하면

$\Rightarrow -n^2 + 2 = -3n^2 + 6n + 3$

$\Rightarrow (n+2)^2 - 2(n+1)^2 = 3((n+1)^2 - 2n^2) \cdots\cdots (1)$

$\Rightarrow (n+2)^2 - 3(n+1)^2 = 2((n+1)^2 - 3n^2) \cdots\cdots (2)$

점화식에 (1),(2)을 이용하면 다음 연립방정식으로 나타낼 수 있다.

$$\begin{cases} a_{n+2} + (n+2)^2 - 2\{a_{n+1} + (n+1)^2\} = 3\{a_{n+1} + (n+1)^2 - 2(a_n + n^2)\} \\ a_{n+2} + (n+2)^2 - 3\{a_{n+1} + (n+1)^2\} = 2\{a_{n+1} + (n+1)^2 - 3(a_n + n^2)\} \end{cases}$$

$\Rightarrow \cdots$

$$\Rightarrow \begin{cases} a_{n+1} + (n+1)^2 - 2\{a_n + n^2\} = 3^{n-1}\{a_2 + 2^2 - 2(a_1 + 1)\} = 3^n \\ a_{n+1} + (n+1)^2 - 3\{a_n + n^2\} = 2^{n-1}\{a_2 + 2^2 - 3(a_1 + 1)\} = -2^n \end{cases}$$

두 식을 빼면

$\therefore a_n = 3^n + 2^n - n^2$

[문제26] $a_1 = -4$, 점화식 $a_{n+1} = 2a_n + n \cdot 2^{n+3} - 13 \cdot 2^{n+1}$일때, 일반항 a_n을 구하여라.

 풀이

점화식에 2^{n+1}을 나누면, $\dfrac{a_{n+1}}{2^{n+1}} = \dfrac{a_n}{2^n} + 4n - 13$이며, $\dfrac{a_n}{2^n} = b_n$라 하면 다음과 같은 점화식이 된다.

$b_{n+1} = b_n + 4n - 13,\ b_n = b_{n-1} + 4(n-1) - 13,\ \ldots$

$\Rightarrow b_{n+1} = b_1 + 4(n + (n-1) + \cdots + 1) - 13 \times n = 2n^2 - 11n - 2$

$\therefore a_n = 2^n(2n^2 - 15n + 11),\ (n \geq 2)$

[문제27] $a_1 = \dfrac{1}{2}$, $a_2 = \dfrac{1}{3}$, 점화식 $a_{n+2} = \dfrac{a_n a_{n+1}}{2a_n - a_{n+1} + 2a_n a_{n+1}}$

일 때, 일반항 a_n을 구하여라.

 풀이

$$\frac{1}{a_{n+2}} = \frac{2a_n - a_{n+1} + 2a_n a_{n+1}}{a_n a_{n+1}} = \frac{2}{a_{n+1}} - \frac{1}{a_n} + 2$$

$$\Rightarrow \frac{1}{a_{n+2}} - \frac{1}{a_{n+1}} = \frac{1}{a_{n+1}} - \frac{1}{a_n} + 2 = \; ... = \frac{1}{a_2} - \frac{1}{a_1} + 2n = 1 + 2n$$

········ (1)

$n = 1, 2, \, ..., (n-2)$을 대입하고 모두 더하면 다음 식이 된다.

$$\Rightarrow \frac{1}{a_n} - \frac{1}{a_2} = n^2 - 2n \Rightarrow \frac{1}{a_n} = n^2 - 2n + 3 \Rightarrow \therefore a_n = \frac{1}{n^2 - 2n + 3}$$

[문제28] $a_1 = 1$, $a_2 = 10$, 점화식 $a_n^2 a_{n-2} = a_{n-1}^3$, $(n \geq 3)$을 만족할 때, 일반항 a_n을 구하여라.

 풀이

점화식을 다음처럼 이동해 본다.

$$\left(\frac{a_n}{a_{n-1}}\right)^2 = \frac{a_{n-1}}{a_{n-2}} \Rightarrow \frac{a_n}{a_{n-1}} = \sqrt{\frac{a_{n-1}}{a_{n-2}}}$$

$$= \ldots = \sqrt[2^{n-2}]{\frac{a_2}{a_1}} = \sqrt[2^{n-2}]{10} \quad \cdots\cdots\cdots (1)$$

$$\frac{a_n}{a_1} = \frac{a_n a_{n-1} \cdots a_2}{a_{n-1} a_{n-2} \cdots a_1} \overset{(1)}{\longleftrightarrow} = \sqrt[2^{n-2}]{10} \sqrt[2^{n-3}]{10} \cdots \sqrt[2^0]{10} = 10^{2 - \frac{1}{2^{n-2}}}$$

$$\therefore a_n = 10^{2 - \frac{1}{2^{n-2}}}$$

[문제29] $a_1 = a \neq 1$, 점화식 $a_{n+1} = \dfrac{1}{2}\left(a_n + \dfrac{1}{a_n}\right)$일 때, 일반항 a_n을 구하여라.

👉 풀이

$a_n = \dfrac{p_n}{q_n}$라고 하면, $p_1 = a$, $q_1 = 1$이다. 점화식은 다음처럼 변한다.

$$\dfrac{p_{n+1}}{q_{n+1}} = \dfrac{p_n^2 + q_n^2}{2p_n q_n} \Rightarrow p_{n+1} = p_n^2 + q_n^2, \ q_{n+1} = 2p_n q_n \quad \cdots\cdots\cdots (1)$$

이 식을 더하거나 빼면, 아래 연립방정식이 만들어 진다.

$$\begin{cases} p_{n+1} + q_{n+1} = (p_n + q_n)^2 = \ \ldots \ = (p_1 + q_1)^{2^n} = (a+1)^{2^n} \\ p_{n+1} - q_{n+1} = (p_n - q_n)^2 = \ \ldots \ = (p_1 - q_1)^{2^n} = (a-1)^{2^n} \end{cases}$$

$$\Rightarrow \begin{cases} p_{n+1} = \dfrac{1}{2}\left\{(a+1)^{2^n} + (a-1)^{2^n}\right\} \\ q_{n+1} = \dfrac{1}{2}\left\{(a+1)^{2^n} - (a-1)^{2^n}\right\} \end{cases} \Rightarrow \therefore a_n = \dfrac{(a+1)^{2^{n-1}} + (a-1)^{2^{n-1}}}{(a+1)^{2^{n-1}} - (a+1)^{2^{n-1}}}$$

[문제30] $a_0 = \dfrac{2}{\sqrt{3}}$, 점화식 $a_{n+1} = \sqrt{\dfrac{2a_n}{a_n+1}}$ 일 때, 일반항 a_n을 구하여라.

![풀이]

$\dfrac{1}{a_n} = b_n$ 라고 하면, 점화식 $b_{n+1}^2 = \dfrac{1+b_n}{2}$ 이 만들어 진다.

$b_0 = \dfrac{\sqrt{3}}{2} = \cos\dfrac{\pi}{6} \xrightarrow{\text{점화식}} b_1 = \cos\dfrac{\pi}{2 \cdot 6}$, ... , $b_n = \cos\dfrac{\pi}{2^n \cdot 6}$

$\therefore a_n = \sec\left(\dfrac{\pi}{2^n \cdot 6}\right)$

[문제31] $a_0 = \dfrac{4}{5}$, 점화식 $a_{n+1} = \sqrt{\dfrac{2a_n}{a_n+1}}$ 일 때, 일반항 a_n 을 구하여라.

👉 **풀이**

$$\left(\frac{e^{\frac{x}{2}}+e^{-\frac{x}{2}}}{2}\right)^2 = \frac{1}{2}\left(1+\frac{e^x+e^{-x}}{2}\right) \cdots\cdots\cdots (1)$$

$\dfrac{1}{a_n} = b_n$ 라고 하면, 점화식 $b_{n+1}^2 = \dfrac{1+b_n}{2}$ 이 만들어 진다.

$b_0 = \dfrac{5}{4} = \dfrac{e^x+e^{-x}}{2} \Rightarrow 2(e^x)^2 - 5(e^x)+2 = 0 \Rightarrow e^x = 2,\ 2^{-1} \xrightarrow{\ (1)\ }$

$b_1 = \dfrac{1}{2}\left(2^{\frac{1}{2}}+2^{-\frac{1}{2}}\right),\ \ldots,\ b_n = \dfrac{1}{2}\left(2^{\frac{1}{2^n}}+2^{-\frac{1}{2^n}}\right)$

$\Rightarrow \therefore a_n = 2\left(2^{\frac{1}{2^n}}+2^{-\frac{1}{2^n}}\right)^{-1}$

[문제32] $a_1 = 3, b_1 = -3$, 점화식 $\begin{cases} a_{n+1} = a_n - b_n + n \\ b_{n+1} = b_n - a_n + n^2 \end{cases}$ 일 때, 일반

항 a_n, b_n을 구하여라.

👉 **풀이**

$a_{n+1} + b_{n+1} = n^2 + n \Rightarrow a_n + b_n = n^2 - n \cdots\cdots\cdots (1)$

$a_{n+1} - b_{n+1} = 2(a_n - b_n) - n^2 + n \cdots\cdots (2)$

$0 = -n^2 + n \Rightarrow -\{(n+1)^2 + (n+1) + 2\} = -2(n^2 + n + 2) \cdots\cdots (3)$

(2), (3)에 의해

$a_{n+1} - b_{n+1} - (n+1)^2 - (n+1) - 2 = 2\{a_n - b_n - n^2 - n - 2\} = \ldots$

$= 2^n(a_1 - b_1 - 1 - 1 - 2) = 2^{n+1} \Rightarrow a_n - b_n = n^2 + n + 2 + 2^n \cdots\cdots (4)$

(1), (4)에 의해 $\therefore a_n = n^2 + 1 + 2^{n-1}, b_n = -n - 1 - 2^{n-1}$

[문제33] $a_1 = a \neq 1$, 점화식 $a_{n+1} = a_n(2 - a_n)$일 때, 일반항 a_n을 구하여라.

👉 풀이

$a_{n+1} = 2a_n - a_n^2 \Rightarrow 1 - a_{n+1} = 1 - 2a_n + a_n^2 = (1 - a_n)^2 = \ldots$

$\therefore a_n = 1 - (1 - a)^{2^{n-1}}$

[문제34] $a_1 = 1$, 점화식 $a_{n+1} = \dfrac{a_n}{2} + \dfrac{n^2 - 2n - 1}{n^2(n+1)^2}$ 일 때, 일반항 a_n 을 구하여라.

 풀이

$$0 = \frac{n^2 - 2n - 1}{n^2(n+1)^2} = \frac{n^2 - \{(n+1)^2 - n^2\}}{n^2(n+1)^2} = \frac{2}{(n+1)^2} - \frac{1}{n^2} \cdots\cdots (1)$$

$$\Rightarrow a_{n+1} - \frac{2}{(n+1)^2} = \frac{1}{2}\left(a_n - \frac{2}{n^2}\right) = \ldots = \frac{1}{2^n}(a_1 - 2)$$

$$\Rightarrow \therefore a_n = \frac{2}{n^2} - \frac{1}{2^{n-1}}$$

[문제35] $a_1 = 0$, 점화식 $a_n = \left(1 - \dfrac{1}{n}\right)^3 a_{n-1} + \dfrac{n-1}{n^2}$ 일 때, 일반항 a_n 을 구하라.

 풀이

조건식에 n^3을 곱하면, $n^3 a_n = (n-1)^3 a_{n-1} + n(n-1)$ $\cdots\cdots\cdots$ (1)

$$n(n-1) = \frac{n(n-1)3}{3} = \frac{n(n-1)\{(n+1) - (n-2)\}}{3}$$

$$= \frac{(n-1)n(n+1)}{3} - \frac{n(n-1)(n-2)}{3}$$

(1)식에 대입하면,

$$n^3 a_n - \frac{(n-1)n(n+1)}{3} = (n-1)^3 a_{n-1} - \frac{n(n-1)(n-2)}{3}$$

$$= \ldots = (2-1)^3 a_1 - \frac{0}{3} = 0 \Rightarrow \therefore a_n = \frac{n^2 - 1}{3n^2}$$

[문제36] $a_1 = 1$, 점화식 $a_{n+1} = 2a_n - n^2 + 2n$일 때, 일반항 a_n을 구하여라.

풀이

$0 = -n^2 + 2n = (n+1)^2 + 1 - 2n^2 - 2 \Rightarrow -(n+1)^2 - 1 = 2(-n^2 - 1)$

이를 점화식에 대입하면, $a_{n+1} - (n+1)^2 - 1 = 2(a_n - n^2 - 1) = \cdots$

$= 2^n(a_1 - 2) = -2^n \Rightarrow \therefore a_n = n^2 - 2^{n-1} + 1$

[문제37] $a_1 = 1$, 점화식 $a_{n+1}^2 = -\dfrac{a_n^2}{4} + 4$, $(a_n > 0)$일 때, 일반항 a_n 을 구하여라.

 풀이

$$a_{n+1}^2 - \frac{16}{5} = -\frac{1}{4}a_n^2 + \frac{4}{5} = -\frac{1}{4}\left(a_n^2 - \frac{16}{5}\right) = \ldots = \left(-\frac{1}{4}\right)^n\left(a_1^2 - \frac{16}{5}\right)$$

$$= -\frac{11}{5}\left(-\frac{1}{4}\right)^n = \frac{44}{5}\left(-\frac{1}{4}\right)^{n+1} \Rightarrow \therefore a_n = \sqrt{\frac{16}{5} + \frac{44}{5}\left(-\frac{1}{4}\right)^n}$$

[문제38] $a_1 = 1, a_2 = 3$, 점화식 $a_{n+1} - 3a_n + 2a_{n-1} = 2^n$일 때, 일반항 a_n을 구하여라.

 풀이

$$a_{n+1} - a_n = 2(a_n - a_{n-1}) + 2^n \Rightarrow \frac{a_{n+1} - a_n}{2^{n+1}} = \frac{a_n - a_{n-1}}{2^n} + \frac{1}{2}$$

$$\Rightarrow \frac{a_n - a_{n-1}}{2^n} = \frac{a_{n-1} - a_{n-2}}{2^{n-1}} + \frac{1}{2} = \cdots = \frac{3-1}{2^2} + \frac{n-2}{2} = \frac{n-1}{2}$$

$\Rightarrow a_n - a_{n-1} = (n-1)2^{n-1}$. $n = 2, 3, \cdots, n$을 대입하고 더하면,

$a_n - a_1 = \sum_{i=1}^{n-1} i \cdot 2^i$이다. $s = \sum_{i=1}^{n-1} i \cdot 2^i$라고 하면, $2s = \sum_{i=1}^{n-1} i \cdot 2^{i+1}$이고 두 식을 빼면 $s = (n-2)2^n + 2 \Rightarrow \therefore a_n = (n-2)2^n + 3$

[문제39] $a_1 = 2$, 점화식 $a_{n+1} = (n+1)^2 \left(\dfrac{2a_n}{n^2} - 1 \right)$ 일 때, 일반항 a_n 을 구하여라.

👉 **풀이**

$$\frac{a_{n+1}}{(n+1)^2} = \frac{2a_n}{n^2} - 1 \Rightarrow \frac{a_{n+1}}{(n+1)^2} - 1 = 2\left(\frac{a_n}{n^2} - 1 \right) = \cdots$$

$$= 2^n \left(\frac{a_1}{1^2} - 1 \right) = 2^n$$

$$\Rightarrow \therefore a_n = n^2 \left(2^{n-1} + 1 \right)$$

[문제40] $a_1 = 1$, 점화식 $a_{n+1} = 2a_n + 2^n$일 때, 일반항 a_n을 구하여라.

풀이

$a_2 = 4$, $2^n = a_{n+1} - 2a_n$ ········ (1)

$a_{n+2} = 2a_{n+1} + 2 \cdot 2^n \xleftrightarrow{\text{(1)}} = 2a_{n+1} + 2(a_{n+1} - 2a_n)$

$\Rightarrow 0 = a_{n+2} - 4a_{n+1} + 4a_n$

[정리2]에 의해 $0 = x^2 - 4x + 4 = (x-2)^2$, 중근 $x = 2$이다.

그러므로 일반항은 다음과 같다.

$a_n = u \cdot 2^n + nv \cdot 2^n \Rightarrow 1 = a_1 = 2u + 2v, 4 = a_2 = 4u + 8v$

$\Rightarrow u = 0, v = \dfrac{1}{2} \Rightarrow \therefore a_n = n \cdot 2^{n-1}$

INFINITE
MATHEMATICS

극 한 3

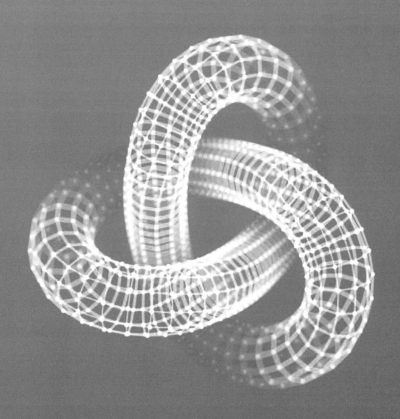

$f(x):[a,b]$연속, (a,b)미분가능

$\Rightarrow \exists c \in (a,b), \quad \dfrac{f(b)-f(a)}{b-a} = f'(c)$

[문제41] 조건 $\displaystyle\lim_{n\to\infty} a_n = \lim_{n\to\infty} b_n = \infty, \lim_{n\to\infty}\dfrac{a_n}{b_n} = l \neq 0$ 을 만족할 때,

극한 $\displaystyle\lim_{n\to\infty}\dfrac{\ln(a_n)}{\ln(b_n)} = 1$이 성립함을 증명하여라.

증명

$\displaystyle\lim_{n\to\infty}\left(\dfrac{\ln a_n}{\ln b_n} - 1\right) = \lim_{n\to\infty}\dfrac{\ln\left(\dfrac{a_n}{b_n}\right)}{\ln b_n} = \dfrac{\ln\left(\displaystyle\lim_{n\to\infty}\dfrac{a_n}{b_n}\right)}{\ln\left(\displaystyle\lim_{n\to\infty} b_n\right)} = 0 \Rightarrow \therefore \lim_{n\to\infty}\dfrac{\ln a_n}{\ln b_n} = 1$

[문제42] 함수 $f(x)$는 연속, 미분가능하다고 하자. 그럼 다음 식이 성립함을 증명하여라.
$$\lim_{n \to \infty} \frac{1}{n} \sum_{k=1}^{n^2} f\left(\frac{k}{n}\right) = \lim_{n \to \infty} \int_0^n f(x)\,dx$$

증명

$$\int_a^b f(x)dx = \lim_{n \to \infty} \left(\frac{b-a}{n}\right) \sum_{k=1}^{n} f\left(a + \frac{k(b-a)}{n}\right)$$

$$= \lim_{n^2 \to \infty} \frac{b-a}{n^2} \sum_{k=1}^{n^2} f\left(a + \frac{k(b-a)}{n^2}\right)$$

이 식에 $a = 0$, $b = n$을 대입하고 극한을 주면 다음과 같다.

$$\therefore \lim_{n \to \infty} \int_0^n f(x)dx = \lim_{n \to \infty} \frac{1}{n} \sum_{k=1}^{n^2} f\left(\frac{k}{n}\right)$$

[문제43] 함수 $f(x)$는 연속, 미분가능하다고 하자. 그럼 다음 식이 성립함을 증명하여라.

$$\lim_{n \to \infty} \left[\sum_{k=1}^{n} f\left(\frac{k}{n}\right) - n \int_{0}^{1} f(x)dx \right] = \frac{f(1) - f(0)}{2}$$

$\forall x \in \left[\dfrac{k-1}{n}, \dfrac{k}{n}\right], a_{k,n} = \min f'(x), b_{k,n} = \max f'(x)$ 라고 하자.

$$\sum_{k=1}^{n} f\left(\frac{k}{n}\right) - n\int_{0}^{1} f(x)dx = \sum_{k=1}^{n} n f\left(\frac{k}{n}\right)\left(\frac{k}{n} - \frac{k-1}{n}\right) - n\sum_{k=1}^{n}\int_{\frac{k-1}{n}}^{\frac{k}{n}} f(x)dx$$

$$= \sum_{k=1}^{n} n f\left(\frac{k}{n}\right)\int_{\frac{k-1}{n}}^{\frac{k}{n}} 1\,dx - \sum_{k=1}^{n} n\int_{\frac{k-1}{n}}^{\frac{k}{n}} f(x)dx = \sum_{k=1}^{n} n\int_{\frac{k-1}{n}}^{\frac{k}{n}} f\left(\frac{k}{n}\right) - f(x)dx$$

$\xleftarrow{\quad [\text{정리}3] \quad}$

$\exists y_k \in \left(x, \dfrac{k}{n}\right)$

$$= \sum_{k=1}^{n} n\int_{\frac{k-1}{n}}^{\frac{k}{n}} \left(\frac{k}{n} - x\right) f'(y_k)\,dx$$

$$\Rightarrow \lim_{n\to\infty} \sum_{k=1}^{n} n\int_{\frac{k-1}{n}}^{\frac{k}{n}} \left(\frac{k}{n} - x\right) a_{k,n}\,dx \leq 준식 \leq \lim_{n\to\infty} \sum_{k=1}^{n} n\int_{\frac{k-1}{n}}^{\frac{k}{n}} \left(\frac{k}{n} - x\right) b_{k,n}\,dx$$

$\cdots\cdots (i)$

부등식 좌측 부분은 다음처럼 계산된다.

$$\lim_{n\to\infty} \sum_{k=1}^{n} n(a_{k,n})\left[\frac{k}{n}x - \frac{x^2}{2}\right]_{\frac{k-1}{n}}^{\frac{k}{n}} = \frac{1}{2}\lim_{n\to\infty} \frac{1}{n}\sum_{k=1}^{n} a_{k,n} = \frac{1}{2}\lim_{n\to\infty} \frac{1}{n}\sum_{k=1}^{n} f'\left(\frac{k}{n}\right)$$

$$= \frac{1}{2}\int_{0}^{1} f'(x)dx = \frac{f(1) - f(0)}{2}$$

부등식 우측 부분은 다음처럼 계산된다.

$$\lim_{n\to\infty} \sum_{k=1}^{n} n(b_{k,n})\left[\frac{k}{n}x - \frac{x^2}{2}\right]_{\frac{k-1}{n}}^{\frac{k}{n}} = \frac{1}{2}\lim_{n\to\infty} \frac{1}{n}\sum_{k=1}^{n} b_{k,n} = \frac{1}{2}\lim_{n\to\infty} \frac{1}{n}\sum_{k=1}^{n} f'\left(\frac{k}{n}\right)$$

$$= \frac{1}{2}\int_{0}^{1} f'(x)dx = \frac{f(1) - f(0)}{2}$$

$\therefore 준식 = \dfrac{f(1) - f(0)}{2}, (\because (i))$

[문제44] 함수 $f(x)$ 는 연속, 미분가능하다고 하자. 그럼 다음 식이 성립함을 증명하여라. $\displaystyle\lim_{n\to\infty} n \int_0^1 x^n f(x)\,dx = f(1)$

증명

$y = x^n$ 이라하자. $dy = nx^{n-1}dx$ 을 준 식에 대입하면 다음 식이 된다.

$$\therefore \lim_{n\to\infty} n \int_0^1 x^n f(x)\,dx$$

$$= \lim_{n\to\infty} \int_0^1 y^{\frac{1}{n}} f\left(y^{\frac{1}{n}}\right) dy = \int_0^1 f(1)\,dy = f(1)$$

함수 $f(x)$, $g(x)$ 는 연속, 미분가능하고,
$g'(x) \neq 0$, $f(a) = g(a) = 0$ 라고 하자.

$$\lim_{x \to a} \frac{f(x)}{g(x)} = \lim_{x \to a} \frac{f'(x)}{g'(x)}$$

[문제45] 함수 $f(x)$ 는 연속, 미분가능하다고 하자. 그럼 다음 식이 성립함을 증명하여라. $\displaystyle \lim_{n \to \infty} n \int_0^1 x^n f(x^n)\, dx = \int_0^1 f(x)\, dx$

증명

$y = x^n$ 이라하자. $dy = nx^{n-1}dx$ 을 준 식에 대입하면 다음 식이 된다.

$$\therefore \lim_{n \to \infty} n \int_0^1 x^n f(x^n)\, dx$$

$$= \lim_{n \to \infty} \int_0^1 y^{\frac{1}{n}} f(y)\, dy = \int_0^1 f(y)\, dy = \int_0^1 f(x)\, dx$$

[문제46] $a_i > 0 \ \Rightarrow \ \lim\limits_{n \to \infty} \sqrt[n]{\sum\limits_{k=1}^{n} a_k^n} = \max\{a_1, a_2, ..., a_n\}$ 이 성립함을

증명하자.

증 명

$0 < a_1 \leq a_2 \leq ... \leq a_n$ 라고 하자.

$a_n = \sqrt[n]{a_n^n} \leq \sqrt[n]{a_1^n + \cdots + a_n^n} \leq \sqrt[n]{a_n^n + \cdots + a_n^n}$

$\Rightarrow \lim\limits_{n \to \infty} \sqrt[n]{n a_n^n} = \left(\lim\limits_{n \to \infty} a_n\right)\left(\lim\limits_{n \to \infty} n^{\frac{1}{n}}\right) = \left(\lim\limits_{n \to \infty} a_n\right) e^{\lim\limits_{n \to \infty}\left(\frac{\ln n}{n}\right)}$ $\overset{[정리4]}{\Longleftarrow}$

$= \left(\lim\limits_{n \to \infty} a_n\right) e^{\lim\limits_{n \to \infty}\frac{1}{n}} = \lim\limits_{n \to \infty} a_n$

$\therefore \lim\limits_{n \to \infty} \sqrt[n]{a_1^n + \cdots + a_n^n} = \lim\limits_{n \to \infty} a_n = \max\{a_1, ..., a_n\}$

[문제47] 함수 $f(x)$는 연속, 미분가능하다고 하자. 그럼 다음 식이 성립함을 증명하여라. $\displaystyle\lim_{n\to\infty}\frac{1}{n}\int_0^1 \frac{\sqrt[n]{x}}{x}f(x)dx = f(0)$

$y = x^{\frac{1}{n}}$ 이라하자. $dy = \dfrac{\sqrt[n]{x}}{nx}dx$ 을 준 식에 대입하면 다음 식이 된다.

$$\therefore \lim_{n\to\infty}\frac{1}{n}\int_0^1 \frac{\sqrt[n]{x}}{x}f(x)dx = \lim_{n\to\infty}\int_0^1 f(y^n)\,dy = \int_0^1 f(0)dy = f(0)$$

[문제48] 함수 $f(x)$는 연속, 미분가능하다고 하자. 그럼 다음 식이 성립함을 증명하여라. $\displaystyle \lim_{n \to \infty} n \int_0^1 f(x^n)\,dx = \int_0^1 \frac{f(x)}{x}\,dx$

증명

$y = x^n$ 이라하자. $dy = nx^{n-1}dx$ 을 준 식에 대입하면 다음 식이 된다.

$$\therefore \lim_{n \to \infty} n \int_0^1 f(x^n)\,dx = \lim_{n \to \infty} \int_0^1 nf(y)\frac{y^{\frac{1}{n}}}{ny}\,dy = \int_0^1 \frac{f(y)}{y}\,dy = \int_0^1 \frac{f(x)}{x}\,dx$$

[문제49] $a_k > 0$, $\lim\limits_{n \to \infty} \dfrac{a_{n+1}}{a_n} = b < 1$ 이 성립한다면, $\lim\limits_{n \to \infty} a_n = 0$임을 증명하자.

$b < r < 1$ 성립하는 r을 선택한다. $\epsilon = r - b$이라 하자.

$$\forall\, n \geq k,\ \exists\, k \in N \Rightarrow \left| \frac{a_{n+1}}{a_n} - b \right| < \epsilon \ \Rightarrow\ \frac{a_{n+1}}{a_n} < b + \epsilon = r$$

$\Rightarrow 0 < a_{n+1} < r a_n < r^2 a_{n-1} < \cdots < r^{n-k+1} a_k$, $c = r^{-k} a_k$라 하면,

$0 < a_{n+1} < c r^{n+1}$이다. 양변에 극한을 취하면, $\lim\limits_{n \to \infty} a_n = 0$이 된다.

[문제50] $p \neq 0$, 극한 $\lim\limits_{x \to \infty}(\sqrt[p]{x^p + x^{p-1}} - \sqrt[p]{x^p - x^{p-1}})$ 의 값을

계산하여라.

 풀이

준 식

$$= \lim_{x \to \infty} x\left[\left(1 + \frac{1}{x}\right)^{\frac{1}{p}} - \left(1 - \frac{1}{x}\right)^{\frac{1}{p}}\right] \xleftrightarrow{h = \frac{1}{x}} = \lim_{h \to 0} \frac{(1+h)^{\frac{1}{p}}}{h} - \frac{(1-h)^{\frac{1}{p}}}{h}$$

$$= \lim_{h \to 0} \frac{(1+h)^{\frac{1}{p}} - 1}{h} + \frac{(1-h)^{\frac{1}{p}} - 1}{-h} \xleftarrow{f(x) = x^{\frac{1}{p}}} = 2f'(1) = \frac{2}{p}$$

[문제51] $|c| > 1$조건에서 극한 $\displaystyle\lim_{n\to\infty}\sum_{k=0}^{n}\frac{1}{n+c^{2k}} = 0$임을 증명해 보자.

증명

산술평균, 기하평균에 의해 다음 부등식이 성립한다.

$$\frac{1}{n+c^{2k}} \leq \frac{1}{2\sqrt{n}\,c^k} \Rightarrow \sum_{k=0}^{n}\frac{1}{n+c^{2k}} \leq \frac{1}{2\sqrt{n}}\sum_{k=0}^{n}\left(\frac{1}{c}\right)^k$$

$$= \frac{1}{2\sqrt{n}}\frac{1-c^{-n-1}}{1-c^{-1}} < \frac{1}{2\sqrt{n}\left(1-c^{-1}\right)}$$

$$\Rightarrow \lim_{n\to\infty}\sum_{k=0}^{n}\frac{1}{n+c^{2k}} \leq \lim_{n\to\infty}\frac{1}{2\sqrt{n}\left(1-c^{-1}\right)} = 0$$

$$\therefore \lim_{n\to\infty}\sum_{k=0}^{n}\frac{1}{n+c^{2k}} = 0$$

[문제52] 함수 $f(x), g(x)$는 연속이고 미분가능하며 $g(x) = g(x+\alpha)$이면, 다음 등식이 성립함을 증명하여라.

$$\lim_{n\to\infty} \int_0^\alpha f(x)g(nx)\,dx = \frac{1}{\alpha} \int_0^\alpha f(x)dx \int_0^\alpha g(x)dx$$

$$\lim_{n\to\infty} \int_0^\alpha f(x)g(nx)\,dx \xleftrightarrow{nx=u} = \lim_{n\to\infty}\int_0^{n\alpha} \frac{1}{n}f\left(\frac{u}{n}\right)g(u)\,du$$

$$=\lim_{n\to\infty}\sum_{k=1}^n \int_{(k-1)\alpha}^{k\alpha} \frac{1}{n}f\left(\frac{u}{n}\right)g(u)\,du \xleftrightarrow{u=t+(k-1)\alpha}$$

$$=\lim_{n\to\infty}\sum_{k=1}^n \int_0^\alpha \frac{1}{n}f\left(\frac{t+(k-1)\alpha}{n}\right)g(t+(k-1)\alpha)\,dt$$

$$\xleftrightarrow{\text{조건식}} = \lim_{n\to\infty}\sum_{k=1}^n \int_0^\alpha \frac{1}{n}f\left(\frac{t+(k-1)\alpha}{n}\right)g(t)\,dt$$

$$=\int_0^\alpha g(t)\frac{1}{\alpha}\left(\lim_{n\to\infty}\frac{\alpha}{n}\sum_{k=1}^n f\left(\frac{t+(k-1)\alpha}{n}\right)\right)dt$$

$$\xleftrightarrow[\frac{t}{n}\in\left(0,\frac{\alpha}{n}\right)]{t\in(0,\alpha)}$$

$$=\int_0^\alpha \frac{g(t)}{\alpha}\left(\lim_{n\to\infty}\frac{\alpha}{n}\sum_{k=1}^n f\left(\frac{\alpha k}{n}\right)\right)dt = \frac{1}{\alpha}\int_0^\alpha g(t)\,dt\int_0^\alpha f(y)\,dy$$

$$=\frac{1}{\alpha}\int_0^\alpha f(x)\,dx\int_0^\alpha g(x)\,dx$$

[문제53] 함수 $f(x)$는 연속이고 미분가능하면,

$$\lim_{n \to \infty} \int_0^1 f(x) \sin(nx) \, dx = 0 임을 증명하여라.$$

증명

$(1)\ \dfrac{1}{n}\left[-f(x)\cos(nx)\right]_0^1 \leq \dfrac{1}{n}\left[\,|f(x)|\,\right]_0^1 \xrightarrow{n \to \infty} = 0$

$(2)\ \dfrac{1}{n}\int_0^1 f'(x)\cos(nx)dx \leq \dfrac{1}{n}\int_0^1 |f'(x)|\,dx \xrightarrow{n \to \infty} = 0$

$\therefore\ \lim_{n \to \infty}\int_0^1 f(x)\sin(nx)\,dx$

$= \lim_{n \to \infty}\left[-\dfrac{f(x)}{n}\cos(nx)\right]_0^1 + \lim_{n \to \infty}\dfrac{1}{n}\int_0^1 f'(x)\cos(nx)\,dx = 0$

[문제54] $x > 0$에서 극한값 $\lim\limits_{n \to \infty} n\left(\sqrt[n]{x} - 1\right)$을 구하여라.

풀이

$y = n\left(\sqrt[n]{x} - 1\right) \Rightarrow y + n = n\sqrt[n]{x} \Rightarrow 1 + \dfrac{y}{n} = \sqrt[n]{x} \Rightarrow \ln\left(1 + \dfrac{y}{n}\right) = \dfrac{\ln x}{n}$

$\Rightarrow \lim\limits_{n \to \infty} \ln x = \lim\limits_{n \to \infty} \ln\left(1 + \dfrac{y}{n}\right)^{\frac{n}{y} \times y} = \ln e^{\lim\limits_{n \to \infty} y} = \lim\limits_{n \to \infty} y,$

$\therefore \lim\limits_{n \to \infty} n\left(\sqrt[n]{x} - 1\right) = \ln x$

[문제55] $a_1 = a_2 = 1$, 점화식 $a_{n+2} = a_{n+1} + a_n$을 만족할 때, 극한값 $\lim\limits_{n \to \infty} \dfrac{a_{n+1}}{a_n}$을 구하여라.

[문제21]에서 일반항 $a_n = \dfrac{1}{\sqrt{5}}\left(\dfrac{1+\sqrt{5}}{2}\right)^n - \dfrac{1}{\sqrt{5}}\left(\dfrac{1-\sqrt{5}}{2}\right)^n$ 이다.

$$\therefore \lim_{n \to \infty} \frac{a_{n+1}}{a_n} = \lim_{n \to \infty} \frac{\left(\dfrac{1+\sqrt{5}}{2}\right)^{n+1} - \left(\dfrac{1-\sqrt{5}}{2}\right)^{n+1}}{\left(\dfrac{1+\sqrt{5}}{2}\right)^n - \left(\dfrac{1-\sqrt{5}}{2}\right)^n}$$

$$= \lim_{n \to \infty} \frac{\left(\dfrac{1+\sqrt{5}}{2}\right) - \left(\dfrac{1-\sqrt{5}}{2}\right)\left(\dfrac{1-\sqrt{5}}{1+\sqrt{5}}\right)^n}{1 - \left(\dfrac{1-\sqrt{5}}{1+\sqrt{5}}\right)^n}$$

$$= \frac{1+\sqrt{5}}{2}$$

[문제56] $a_1, p > 0$, 점화식 $a_{n+1} = \dfrac{1}{2}\left(a_n + \dfrac{p}{a_n}\right)$ 을 만족할 때, 극한값 $\lim\limits_{n \to \infty} a_n$ 을 구하여라.

풀이

산술평균, 기하평균을 이용하면 다음 부등식이 성립한다.

$$\sqrt{a_n\left(\frac{p}{a_n}\right)} \le \frac{1}{2}\left(a_n + \frac{p}{a_n}\right) \xrightarrow{\text{점화식}} \sqrt{p} \le a_{n+1}, \; \forall n \in N$$

$$\Rightarrow p \le a_n^2 \Rightarrow \frac{p}{a_n} \le a_n \cdots\cdots (1)$$

$$a_{n+1} = \frac{1}{2}\left(a_n + \frac{p}{a_n}\right) \overset{(1)}{\longleftrightarrow} \le \frac{1}{2}\left(a_n + a_n\right) = a_n \Rightarrow \forall n \in N, \, a_{n+1} \le a_n$$

$$\xrightarrow{(1)} \therefore \lim_{n \to \infty} a_n = \sqrt{p}.$$

[문제57] 극한값 $\displaystyle\lim_{n\to\infty}\dfrac{2^n \cdot n!}{n^n}$ 을 구하여라.

👈 풀이

$$\lim_{n\to\infty}\frac{2^n \cdot n!}{n^n}=\lim_{n\to\infty}\frac{(2n)(2n-2)(2n-4)\cdots(2n-(2n-2))}{n \cdot n \cdots n}$$

$$=\lim_{n\to\infty}(2)\left(2-\frac{2}{n}\right)\cdots\left(2-\left(2-\frac{2}{n}\right)\right)=2 \cdot 2 \cdots 2 \cdot 0=0$$

[문제58] $p > 0$, $|a| < 1$인 경우, 극한값 $\lim\limits_{n \to \infty} \left(n^p a^n \right)$을 구하여라.

👉 **풀이**

(1) $\lim\limits_{n \to \infty} \dfrac{a_{n+1}}{a_n} = r < 1$ 인 경우 $\left(a_i > 0 \right)$

$\Rightarrow \exists k,\ r < k < 1 \Rightarrow a_2 < ka_1,\ a_3 < ka_2 < k^2 a_1$

$\Rightarrow \sum\limits_{n=1}^{\infty} a_n < a_1 \left(1 + k + k^2 + \cdots \right) = \dfrac{a_1}{1-k}$

$\Rightarrow \sum\limits_{n=1}^{\infty} a_n$: 수렴

$\Rightarrow \sum\limits_{n=1}^{\infty} a_n = \lim\limits_{n \to \infty} \sum\limits_{k=1}^{n} a_k = \lim\limits_{n \to \infty} S_n = A \Rightarrow \therefore \lim\limits_{n \to \infty} a_n = \lim\limits_{n \to \infty} S_n - S_{n-1} = 0$

(2) $b_n = n^p a^n$ 라고 하자.

$\Rightarrow \lim\limits_{n \to \infty} \dfrac{b_{n+1}}{b_n} = a \lim\limits_{n \to \infty} \left(1 + \dfrac{1}{n} \right)^p = a \xleftarrow{\text{조건식}} < 1 \xrightarrow{(1)} \therefore \lim\limits_{n \to \infty} n^p a^n = 0$

[문제59] 극한값 $\lim\limits_{n\to\infty}\left(\dfrac{n^2+9}{2n^2+1}\right)^n$ 을 구하여라.

👉 **풀이**

(1). $\lim\limits_{n\to\infty} \sqrt[n]{a_n} = r < 1$인 경우 $(a_i > 0)$

$\Rightarrow \exists\, k,\ r < k < 1 \Rightarrow a_1 < k,\, a_2 < k^2,\, \ldots$

$\Rightarrow \sum\limits_{n=1}^{\infty} a_n < k + k^2 + \cdots = \dfrac{k}{1-k} \Rightarrow \sum\limits_{n=1}^{\infty} a_n$: 수렴.

$\Rightarrow \sum\limits_{n=1}^{\infty} a_n = \lim\limits_{n\to\infty} \sum\limits_{k=1}^{n} a_k = \lim\limits_{n\to\infty} S_n = A \Rightarrow \therefore\ \lim\limits_{n\to\infty} a_n = \lim\limits_{n\to\infty} S_n - S_{n-1} = 0$

(2). $a_n = \left(\dfrac{n^2+9}{2n^2+1}\right)^n$ 라고 하자.

$\lim\limits_{n\to\infty} \sqrt[n]{a_n} = \dfrac{1}{2} < 1 \overset{(1)}{\longleftrightarrow} \therefore \lim\limits_{n\to\infty}\left(\dfrac{n^2+9}{2n^2+1}\right)^n = 0$

[문제60] $\forall n \in N, a_n > 0$이고 극한값 $\displaystyle\lim_{n\to\infty}\frac{a_{n+1}}{a_n} = b < 1$인 경우,

다음 극한값 $\displaystyle\lim_{n\to\infty} a_n = 0$임을 증명하여라.

증명

$b < r < 1$ 성립하는 r을 선택한다. $\epsilon = r - b$이라 하자.

$\forall n \geq k, \exists k \in N \implies \left| \dfrac{a_{n+1}}{a_n} - b \right| < \epsilon \implies \dfrac{a_{n+1}}{a_n} < b + \epsilon = r$

$\implies 0 < a_{n+1} < ra_n < r^2 a_{n-1} < \cdots < r^{n-k+1} a_k$, $c = r^{-k} a_k$라고 두면,

$0 < a_{n+1} < cr^{n+1}$

양변에 극한을 취하면 $\displaystyle\lim_{n\to\infty} a_n = 0$이 된다.

[문제61] 극한값 $\displaystyle\lim_{n\to\infty}\dfrac{(2n)!}{n!\,(2n)^n}$ 을 구하여라.

풀이

$a_n = \dfrac{(2n)!}{n!\,(2n)^n}$ 라고 하면, 다음 극한값이 나온다.

$$\lim_{n\to\infty}\frac{a_{n+1}}{a_n}=\lim_{n\to\infty}\frac{(2n+1)}{(n+1)}\left(\frac{n}{n+1}\right)^n=\frac{2}{\displaystyle\lim_{n\to\infty}\left(1+\frac{1}{n}\right)^n}=\frac{2}{e}<1\text{이다.}$$

[문제60]에 의해

$$\therefore \lim_{n\to\infty}\frac{(2n)!}{n!\,(2n)^n}=0$$

[문제62] 극한값 $\displaystyle\lim_{n\to\infty} \sqrt[n]{\dfrac{n!}{n^n}}$ 을 구하여라.

👉 **풀이**

$$\ln \sqrt[n]{\frac{n!}{n^n}} = \frac{1}{n}(\ln n! - n\ln n) = \frac{\ln 2 + \ln 3 + \cdots + \ln n - n\ln n}{n}$$

$$= \frac{1}{n}\sum_{k=1}^{n}\ln\frac{k}{n}$$

$$\Rightarrow \lim_{n\to\infty}\ln\sqrt[n]{\frac{n!}{n^n}} = \lim_{n\to\infty}\frac{1}{n}\sum_{k=1}^{n}\ln\frac{k}{n} = \int_0^1 \ln x\, dx = \left[x\ln x\right]_0^1 - \int_0^1 1\, dx$$

$$= -1 = \ln\left(\frac{1}{e}\right)$$

$$\therefore \lim_{n\to\infty}\sqrt[n]{\frac{n!}{n^n}} = \frac{1}{e}$$

[문제63] 극한값 $\displaystyle\lim_{n\to\infty}\left(\dfrac{1}{\sqrt{n^2+1}}+\dfrac{1}{\sqrt{n^2+2}}+\cdots+\dfrac{1}{\sqrt{n^2+n}}\right)$을 구하여라.

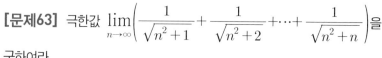 풀이

$$a_i=\dfrac{1}{\sqrt{n^2+i}}\le\dfrac{1}{\sqrt{n^2+1}}\Rightarrow a_1+a_2+\cdots+a_n\le\dfrac{n}{\sqrt{n^2+1}}$$

$$\Rightarrow\lim_{n\to\infty}\sum_{k=1}^{n}a_k\le\lim_{n\to\infty}\dfrac{n}{\sqrt{n^2+1}}=1\Rightarrow\therefore\lim_{n\to\infty}\sum_{i=1}^{n}\dfrac{1}{\sqrt{n^2+i}}=1$$

[문제64] 극한값 $\displaystyle\lim_{n\to\infty}\left(\dfrac{1}{\sqrt{n^2+1}}+\dfrac{1}{\sqrt{n^2+2}}+\cdots+\dfrac{1}{\sqrt{n^2+n^2}}\right)$ 을 구하여라.

👉 **풀이**

$$\lim_{n\to\infty}\sum_{i=1}^{n^2}\dfrac{1}{\sqrt{n^2+i}}=\lim_{n\to\infty}\sum_{i=1}^{n^2}\left(\dfrac{1}{n^2}\right)\dfrac{1}{\sqrt{1+\dfrac{i}{n^2}}}\cdot\left(\lim_{n\to\infty}n\right)$$

$$=\left(\int_0^1\dfrac{dx}{\sqrt{1+x}}\right)\left(\lim_{n\to\infty}n\right)=2(\sqrt{2}-1)\left(\lim_{n\to\infty}n\right)=\infty$$

[문제65] $a_n = 2\cos\left(\dfrac{t}{2^n}\right) - 1$일 때, 극한값 $\displaystyle\lim_{n\to\infty}\prod_{i=1}^{n} a_i$을 구하여라.

풀이

$$2\cos 2x + 1 = 4\cos^2 x - 1 = (2\cos x + 1)(2\cos x - 1) \quad \cdots\cdots (1)$$

$$b_k = 2\cos\left(\frac{t}{2^k}\right) + 1 \;\Rightarrow\; \frac{b_{k-1}}{b_k} = \frac{2\cos\left(\dfrac{t}{2^{k-1}}\right) + 1}{2\cos\left(\dfrac{t}{2^k}\right) + 1}$$

$$= \frac{\left(2\cos\dfrac{t}{2^{k-1}} + 1\right)\left(2\cos\dfrac{t}{2^k} - 1\right)}{\left(2\cos\dfrac{t}{2^k} + 1\right)\left(2\cos\dfrac{t}{2^k} - 1\right)}$$

$$\underset{\longleftrightarrow}{(1)}$$

$$= 2\cos\left(\frac{t}{2^k}\right) - 1 \underset{\longleftrightarrow}{\overset{\text{조건식}}{}} = a_k \quad \cdots\cdots\cdots (2)$$

$$\therefore \lim_{n\to\infty} \prod_{i=1}^{n} a_i \overset{(2)}{\longleftrightarrow} = \lim_{n\to\infty}\left(\frac{b_0}{b_1}\right)\left(\frac{b_1}{b_2}\right)\cdots\left(\frac{b_{n-1}}{b_n}\right)$$

$$= \lim_{n\to\infty}\frac{b_0}{b_n} = \lim_{n\to\infty}\frac{2\cos t + 1}{2\cos\dfrac{t}{2^n} + 1} = \frac{2\cos t + 1}{3}$$

[문제66] 극한값 $\displaystyle\lim_{n\to\infty}\sum_{i=0}^{n}\frac{1}{{}_{n}C_{i}}$ 을 구하여라.

풀이

(1) $s_n = \displaystyle\sum_{k=0}^{n} k!\,(n-k)! \Rightarrow a_n = \sum_{k=0}^{n} \dfrac{1}{{}_n C_k} = \sum_{k=0}^{n} \dfrac{k!\,(n-k)!}{n!} = \dfrac{s_n}{n!}$

(2) $s_{n+1} - s_n = \displaystyle\sum_{k=0}^{n+1} k!(n+1-k)! - \sum_{k=0}^{n} k!(n-k)!$

$= (n+1)! + \displaystyle\sum_{k=0}^{n} k!(n-k)!(n-k)$

$= (n+1)! + ns_n - \left[\displaystyle\sum_{k=0}^{n} (k+1)!(n-k)! - \sum_{k=0}^{n} k!(n-k)! \right]$

$= (n+1)! + (n+1)s_n - \displaystyle\sum_{k=0}^{n} (k+1)!(n-k)!$

$= (n+1)! + (n+1)s_n - \displaystyle\sum_{k=1}^{n+1} k!(n-k+1)!$

$= (n+1)! + (n+1)s_n - \left[\displaystyle\sum_{k=0}^{n+1} k!(n+1-k)! - (n+1)! \right]$

$= 2(n+1)! + (n+1)s_n - s_{n+1}.$

$\Rightarrow 2s_{n+1} = 2(n+1)! + (n+2)s_n.$

$\displaystyle\lim_{n\to\infty} \sum_{i=0}^{n} \dfrac{1}{{}_n C_i} = L = \lim_{n\to\infty} a_n \overset{(1)}{\longleftrightarrow} = \lim_{n\to\infty} \dfrac{s_n}{n!} = \lim_{n\to\infty} \dfrac{s_{n+1}}{(n+1)!} \overset{(2)}{\longleftrightarrow}$

$= \displaystyle\lim_{n\to\infty} \left(1 + \dfrac{(n+2)s_n}{2 \cdot (n+1)!} \right)$

$= 1 + \dfrac{1}{2} \left(\displaystyle\lim_{n\to\infty} \dfrac{s_n}{n!} \right) = 1 + \dfrac{L}{2} \Rightarrow \therefore L = 2$

[문제67] $a_n = \dfrac{b_{n-1}+c_{n-1}}{2}, b_n = \dfrac{c_{n-1}+a_{n-1}}{2}, c_n$

$= \dfrac{a_{n-1}+b_{n-1}}{2}, (n=2,3,...)$일 때, 극한값 $\displaystyle\lim_{n\to\infty} a_n = \dfrac{a_1+b_1+c_1}{3}$임을

증명하여라.

증명

(1) $a_n + b_n + c_n = a_{n-1} + b_{n-1} + c_{n-1} = ... = a_1 + b_1 + c_1 = k$라고 하자.

$\Rightarrow a_n = \dfrac{b_{n-1}+c_{n-1}}{2} \overset{(1)}{\longleftrightarrow} = \dfrac{k-a_{n-1}}{2} = \dfrac{k}{2} - \dfrac{k}{2^2} + \dfrac{a_{n-2}}{2^2} = ...$

$= k\left[\dfrac{1}{2} - \dfrac{1}{2^2} + \cdots + (-1)^{n-1}\dfrac{1}{2^{n-1}}\right] + (-1)^n \dfrac{a_1}{2^{n-1}}.$

$\therefore \displaystyle\lim_{n\to\infty} a_n = \lim_{n\to\infty} k\left(\dfrac{1}{3} - \dfrac{(-1)^{n-1}}{3\cdot 2^{n-1}}\right) + (-1)^{n-1}\dfrac{a_1}{2^{n-1}} = \dfrac{k}{3} = \dfrac{a_1+b_1+c_1}{3}$

[문제68] 극한값 $\displaystyle\lim_{n\to\infty}\sqrt[n]{\dfrac{{}_{3n}C_n}{{}_{2n}C_n}}$ 을 구하여라.

👉 **풀이**

(1)

$$\sqrt[n]{\dfrac{{}_{3n}C_n}{{}_{2n}C_n}} = \sqrt[n]{\dfrac{3n(3n-1)\cdots(2n+1)}{2n(2n-1)\cdots(n+1)}} = e^{\frac{1}{n}\left(\ln\frac{3}{2}+\ln\frac{3n-1}{2n-1}+\cdots+\ln\frac{2n+1}{n+1}\right)}$$

$$= e^{\frac{1}{n}\left(\ln\left(1+\frac{1}{2}\right)+\ln\left(1+\dfrac{1}{2-\frac{1}{n}}\right)+\ln\left(1+\dfrac{1}{2-\frac{2}{n}}\right)+\cdots+\ln\left(1+\dfrac{1}{2-\frac{n-1}{n}}\right)\right)}$$

$$= e^{\frac{1}{n}\sum_{k=0}^{n-1}\ln\left(1+\dfrac{1}{2-\frac{k}{n}}\right)}$$

$$\therefore \lim_{n\to\infty}\sqrt[n]{\dfrac{{}_{3n}C_n}{{}_{2n}C_n}} \overset{(1)}{\longleftrightarrow} = e^{\lim_{n\to\infty}\frac{1}{n}\sum_{k=0}^{n-1}\ln\left(1+\frac{1}{2-\frac{k}{n}}\right)} = e^{\int_0^1 \ln\left(1+\frac{1}{2-x}\right)dx}$$

$$= e^{\int_0^1 \ln(3-x)-\ln(2-x)\,dx}$$

$$\overset{\text{부분적분}}{\longleftrightarrow} = e^{\ln\left(\frac{27}{16}\right)} = \dfrac{27}{16}$$

[문제69] 극한값 $\displaystyle\lim_{n\to\infty}\sum_{i=2}^{n}\frac{1}{2^i}\tan\left(\frac{\pi}{2^i}\right)$ 을 구하여라.

👉 **풀이**

$$\cot 2x = \frac{1}{\tan 2x} = \frac{1-\tan^2 x}{2\tan x} \Rightarrow 2\cot 2x = \cot x - \tan x$$

$$\Rightarrow \tan x = \cot x - 2\cot 2x \cdots (1)$$

$$\therefore \sum_{n=2}^{\infty}\frac{1}{2^n}\tan\frac{\pi}{2^n} = \sum_{n=2}^{\infty}\frac{1}{2^{n-1}}\left(\frac{1}{2}\tan\frac{\pi}{2^n}\right)\overset{(1)}{\Longleftrightarrow}$$

$$= \sum_{n=2}^{\infty}\frac{1}{2^n}\cot\frac{\pi}{2^n} - \frac{1}{2^{n-1}}\cot\frac{\pi}{2^{n-1}}$$

$$= \lim_{n\to\infty}\frac{1}{2^n}\cot\frac{\pi}{2^n} - \frac{1}{2}\cot\frac{\pi}{2} = \frac{1}{\pi}\lim_{n\to\infty}\frac{\dfrac{\pi}{2^n}}{\tan\dfrac{\pi}{2^n}} = \frac{1}{\pi}$$

[문제70] 극한값 $\displaystyle\lim_{n\to\infty}\sum_{i=1}^{n}\frac{\left[\sqrt{2n^2-i^2}\right]}{n^2}$, ($[x]$: $Gauss$ 부호)을 구하여라.

👉 **풀이**

(1)

$$\int_0^1 \sqrt{2-x^2}\, dx = \lim_{n\to\infty}\sum_{k=1}^{n}\frac{1}{n}\sqrt{2-\left(\frac{k}{n}\right)^2} = \lim_{n\to\infty}\left(\sum_{k=1}^{n}\frac{1}{n}\sqrt{2-\left(\frac{k}{n}\right)^2}-\frac{1}{n}\right)$$

$$=\lim_{n\to\infty}\left\{\sum_{k=1}^{n}\left(\frac{1}{n}\sqrt{2-\left(\frac{k}{n}\right)^2}-\frac{1}{n^2}\right)\right\}=\lim_{n\to\infty}\sum_{k=1}^{n}\left(\frac{\sqrt{2n^2-k^2}-1}{n^2}\right)$$

$$\leq \lim_{n\to\infty}\sum_{k=1}^{n}\frac{\left[\sqrt{2n^2-k^2}\right]}{n^2}$$

$$\leq \lim_{n\to\infty}\sum_{k=1}^{n}\frac{\sqrt{2n^2-k^2}}{n^2}=\lim_{n\to\infty}\frac{1}{n}\sum_{k=1}^{n}\sqrt{2-\left(\frac{k}{n}\right)^2}=\int_0^1 \sqrt{2-x^2}\, dx$$

$$\therefore \lim_{n\to\infty}\sum_{i=1}^{n}\frac{\left[\sqrt{2n^2-i^2}\right]}{n^2} \xleftrightarrow{(1)}$$

$$=\int_0^1 \sqrt{2-x^2}\, dx \xleftrightarrow{x=\sqrt{2}\sin\theta} \int_0^{\frac{\pi}{4}} 1+\cos2\theta\, d\theta = \frac{2+\pi}{4}$$

[문제71] 극한값 $\displaystyle\lim_{n \to \infty} \sum_{k=0}^{n} \frac{(-1)^k}{k+1} \cdot {}_nC_k$ 을 구하여라.

 풀이

$$\lim_{n \to \infty} \sum_{k=0}^{n} \frac{(-1)^k}{k+1} \cdot {}_nC_k$$

$$= \lim_{n \to \infty} \sum_{k=0}^{n} \int_0^1 x^k(-1)^k \, {}_nC_k \, dx = \lim_{n \to \infty} \sum_{k=0}^{n} \int_0^1 (-x)^k \, {}_nC_k \, dx$$

$$= \lim_{n \to \infty} \int_0^1 \sum_{k=0}^{n} {}_nC_k(-x)^k \, dx = \lim_{n \to \infty} \int_0^1 (1-x)^n \, dx = \lim_{n \to \infty} \left(\frac{1}{n+1} \right) = 0$$

[문제72] 극한값 $\displaystyle\lim_{x \to 1} \dfrac{\sqrt[4]{x+15} - \sqrt[3]{x+7}}{x-1}$ 을 구하여라.

풀이

$f(x) = \sqrt[4]{x+15} - \sqrt[3]{x+7} \Rightarrow f(1) = 0 \ \cdots\cdots\cdots (1)$

$\therefore \displaystyle\lim_{x \to 1} \dfrac{\sqrt[4]{x+15} - \sqrt[3]{x+7}}{x-1} \xleftrightarrow{(1)} = \lim_{x \to 1} \dfrac{f(x) - f(1)}{x-1} = f'(1) = -\dfrac{5}{96}$

[문제73] 극한값 $\lim\limits_{x \to 0} \dfrac{\sqrt{ax+b}-2}{x} = 1$일 때, a, b값을 구하여라.

(L'Hospital 정리를 사용하지 않고 문제를 풀어야 한다.)

풀이

(1) $\lim\limits_{x \to 0}\left(\dfrac{\sqrt{ax+b}-2}{x}\right)x = \lim\limits_{x \to 0}(\sqrt{ax+b}-2) = \sqrt{b}-2$

$\Rightarrow \sqrt{b}-2 = \left(\lim\limits_{x \to 0}\dfrac{\sqrt{ax+b}-2}{x}\right)\left(\lim\limits_{x \to 0}x\right) = 0 \Rightarrow \therefore b = 4$

(2) $1 = \lim\limits_{x \to 0}\dfrac{\sqrt{ax+4}-2}{x} = \lim\limits_{x \to 0}\dfrac{ax}{x(\sqrt{ax+4}+2)} = \dfrac{a}{4} \Rightarrow \therefore a = 4$

[문제74] 극한값 $\lim\limits_{n \to \infty} \sum\limits_{i=1}^{n} \left(\dfrac{i^3}{2^i} \right)$을 구하여라.

풀이

$$\frac{1}{1-x} = \sum_{n=0}^{\infty} x^n \xrightarrow{\text{미분}} \frac{1}{(1-x)^2} = \sum_{n=1}^{\infty} nx^{n-1} \Rightarrow \frac{x}{(1-x)^2} = \sum_{n=1}^{\infty} nx^n$$

$$\xrightarrow{\text{미분}}$$

$$\Rightarrow \frac{1+x}{(1-x)^3} = \sum_{n=1}^{\infty} n^2 x^{n-1} \Rightarrow \frac{x+x^2}{(1-x)^3} = \sum_{n=1}^{\infty} n^2 x^n \xrightarrow{\text{미분}} \frac{1+4x+x^2}{(1-x)^4}$$

$$= \sum_{n=1}^{\infty} n^3 x^{n-1}$$

$$\Rightarrow \frac{x(1+4x+x^2)}{(1-x)^4} = \sum_{n=1}^{\infty} n^3 x^n \quad \cdots\cdots\cdots (1)$$

$$\therefore \lim_{n \to \infty} \sum_{i=1}^{n} \left(\frac{i^3}{2^i} \right) = \sum_{n=1}^{\infty} n^3 \left(\frac{1}{2} \right)^n \xLeftarrow{\quad (1),\ x=\frac{1}{2} \quad} = 26$$

[문제75] 극한값 $\displaystyle\lim_{n\to\infty}\sum_{i=1}^{n}\frac{1}{i\cdot 2^i}$ 을 구하여라.

풀이

$$\therefore \lim_{n\to\infty}\sum_{k=1}^{n}\frac{1}{2^k}\left(\frac{1}{k}\right)=\lim_{n\to\infty}\sum_{k=1}^{n}\frac{1}{2^k}\left(\int_{0}^{1}x^{k-1}dx\right)=\int_{0}^{1}\sum_{k=1}^{\infty}\frac{1}{x}\left(\frac{x}{2}\right)^k dx$$

$$=\int_{0}^{1}\frac{1}{x}\left(\sum_{k=1}^{\infty}\left(\frac{x}{2}\right)^k\right)dx \xleftrightarrow{\text{무한등비급수합}} =\int_{0}^{1}\frac{1}{2-x}dx=\ln 2$$

[문제76] 극한값 $\displaystyle\lim_{n\to\infty}\sum_{k=1}^{n}\frac{\sin\left(\dfrac{k\pi}{n}\right)}{n+\dfrac{1}{k}}$ 을 구하여라.

풀이

$$n < n+\frac{1}{k} \le n+1,\ (k=1,2,...,n) \Rightarrow \frac{1}{n+1} \le \frac{1}{n+\dfrac{1}{k}} < \frac{1}{n}$$

$$\Rightarrow \lim_{n\to\infty}\sum_{k=1}^{n}\frac{\sin\left(\dfrac{k}{n}\right)\pi}{n+1} \le \lim_{n\to\infty}\sum_{k=1}^{n}\frac{\sin\left(\dfrac{k}{n}\right)\pi}{n+\dfrac{1}{k}} \le \lim_{n\to\infty}\sum_{k=1}^{n}\frac{\sin\left(\dfrac{k}{n}\right)\pi}{n}$$

$$\Rightarrow \lim_{n\to\infty}\left(\frac{n}{n+1}\right)\lim_{n\to\infty}\frac{1}{n}\sum_{k=1}^{n}\sin\left(\frac{k}{n}\right)\pi \le 준식 \le \lim_{n\to\infty}\frac{1}{n}\sum_{k=1}^{n}\sin\left(\frac{k}{n}\right)\pi$$

$$\therefore 준식 = \int_{0}^{1}\sin(\pi x)\,dx = \frac{2}{\pi}$$

[문제77] $x_1 = 2, x_{n+1} = \dfrac{x_n^2 + 1}{2}$ 인 경우, 극한값 $\displaystyle\lim_{n\to\infty}\sum_{i=1}^{n}\dfrac{1}{1+x_i}$ 을 구하여라.

👉 **풀이**

$$x_{n+1} - 1 \xleftrightarrow{\text{조건식}} = \frac{x_n^2 - 1}{2} = \frac{(x_n+1)(x_n-1)}{2}$$

$$\Rightarrow \frac{1}{x_{n+1} - 1} = \frac{2}{(x_n - 1)(x_n + 1)}$$

$$= \frac{1}{x_n - 1} - \frac{1}{x_n + 1} \Rightarrow \frac{1}{1 + x_n} = \frac{1}{x_n - 1} - \frac{1}{x_{n+1} - 1}$$

$$\therefore \sum_{k=1}^{\infty} \frac{1}{1 + x_k} = \frac{1}{x_1 - 1} = 1$$

[문제78] $x_1 = 1, x_{n+1} = \sqrt{x_n(x_n+1)(x_n+2)(x_n+3)+1}$ 인 경우,

극한값 $\displaystyle\lim_{n\to\infty}\sum_{i=1}^{n}\frac{1}{2+x_i}$ 을 구하여라.

👉 풀이

$(n-1)n(n+1)(n+2)+1 = (n^2+n)(n^2+n-2)+1$

$= (n^2+n)^2 - 2(n^2+n)+1$

$= (n^2+n-1)^2 = (n(n+1)-1)^2 \Rightarrow x_n(x_n+1)(x_n+2)(x_n+3)+1$

$= (x_n^2+3x_n+1)^2 \cdots\cdots (1)$

$x_{n+1} \xleftarrow{\text{조건식, (1)}} = x_n^2+3x_n+1 \Rightarrow x_{n+1}+1 = (x_n+1)(x_n+2)$

$\Rightarrow \dfrac{1}{1+x_{n+1}} = \dfrac{1}{x_n+1} - \dfrac{1}{x_n+2} \Rightarrow \dfrac{1}{2+x_n} = \dfrac{1}{1+x_n} - \dfrac{1}{1+x_{n+1}}$

$\cdots\cdots (2)$

$\therefore$ 준 식 $= \displaystyle\sum_{n=1}^{\infty}\frac{1}{2+x_n} \xleftarrow{(2)} = \dfrac{1}{1+x_1} \xleftarrow{\text{조건식}} = \dfrac{1}{2}$

[문제79] 극한값 $\displaystyle\lim_{n\to\infty} 2^{n+1} \sqrt{2 - \underbrace{\sqrt{2 + \sqrt{2 + \sqrt{2 + \sqrt{\cdots + \sqrt{2}}}}}}_{n}}$ 을

구하여라.

풀이

$$\cos\left(\frac{\theta}{2}\right)=\sqrt{\frac{1+\cos\theta}{2}}\Rightarrow\cos\left(\frac{\pi}{2^3}\right)=\sqrt{\frac{1+\dfrac{\sqrt{2}}{2}}{2}}=\frac{\sqrt{2+\sqrt{2}}}{2},$$

$$\cos\left(\frac{\pi}{2^4}\right)=\sqrt{\frac{1+\dfrac{\sqrt{2+\sqrt{2}}}{2}}{2}}=\frac{\sqrt{2+\sqrt{2+\sqrt{2}}}}{2},$$

$$\cdots,\ \cos\left(\frac{\pi}{2^{n+1}}\right)=\frac{\sqrt{2+\sqrt{2+\cdots+\sqrt{2}}}}{2}$$

$$\Rightarrow 2-\sqrt{2+\sqrt{2+\cdots+\sqrt{2}}}=2\left(1-\cos\left(\frac{\pi}{2^{n+1}}\right)\right)=2^2\sin^2\left(\frac{\pi}{2^{n+2}}\right)$$

$$\Rightarrow\sqrt{2-\sqrt{2+\sqrt{2+\cdots+\sqrt{2}}}}=2\sin\left(\frac{\pi}{2^{n+2}}\right)\ \cdots\cdots\ (1)$$

$$\therefore \text{준 식}\xleftrightarrow{(1)}=\lim_{n\to\infty}2^{n+1}\cdot 2\sin\left(\frac{\pi}{2^{n+2}}\right)=\pi\lim_{n\to\infty}\frac{\sin\left(\dfrac{\pi}{2^{n+2}}\right)}{\dfrac{\pi}{2^{n+2}}}=\pi$$

[문제80] 극한값 $\displaystyle\lim_{n\to\infty}\sum_{i=1}^{n}\frac{1}{\sqrt{i}\ \sqrt{n+1-i}}$ 을 구하여라.

풀이

$$\therefore \lim_{n\to\infty}\sum_{k=1}^{n}\frac{1}{\sqrt{k}\ \sqrt{(n+1)-k}}=\lim_{n\to\infty}\frac{1}{n}\sum_{k=1}^{n}\frac{n}{\sqrt{k}\ \sqrt{(n+1)-k}}$$

$$=\lim_{n\to\infty}\frac{1}{n}\sum_{k=1}^{n}\frac{1}{\sqrt{\dfrac{k}{n}}\ \sqrt{1-\dfrac{k-1}{n}}}=\int_{0}^{1}\frac{1}{\sqrt{x(1-x)}}\,dx$$

$$\xleftrightarrow{\quad x-\dfrac{1}{2}=\dfrac{1}{2}\sin\theta\quad}=\pi$$

INFINITE
MATHEMATICS

함 수 4

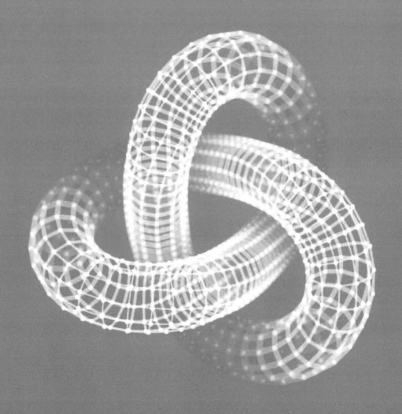

[문제81] 함수 $f(x), (f(x) \geq 0)$는 연속, 미분가능하고 다음 조건을 만족할 때, $\displaystyle\int_0^x f(t)dt = x\sqrt{f(x)}$, $f(1) = \dfrac{1}{2}$, 함수 $f(x)$을 구하여라.

👉 **풀이**

조건식을 미분하면, $f(x) = \sqrt{f(x)} + \dfrac{xf'(x)}{2\sqrt{f(x)}}$ 이다. $f(x) = y$ 하자.

$\Rightarrow y = \sqrt{y} + \dfrac{xy'}{2\sqrt{y}}$ $\xrightarrow{\sqrt{y} \text{ 을 곱하면}}$ $y^{\frac{3}{2}} - y = \dfrac{x}{2} \cdot \dfrac{dy}{dx}$

$\Rightarrow \dfrac{2}{x}dx = \dfrac{dy}{y(\sqrt{y}-1)}$ $\xrightarrow{\text{양변을 적분}}$

$\Rightarrow 2\ln x + 2\ln c = 2\ln(\sqrt{y}-1) - 2\ln\sqrt{y}$ $\Rightarrow \ln cx = \ln\left(\dfrac{\sqrt{y}-1}{\sqrt{y}}\right)$

$\Rightarrow cx = 1 - \dfrac{1}{\sqrt{y}}$

$\Rightarrow y = \dfrac{1}{(1-cx)^2} = f(x)$ $\xrightarrow{x=1}$ $c = 1-\sqrt{2}$ $\therefore f(x) = \dfrac{1}{(1+(\sqrt{2}-1)x)^2}$

[문제82] $f(x) = x e^{-\frac{x}{a}} + \dfrac{1}{a+1} \displaystyle\int_0^a f(x)dx$ 일 때, 정적분 $\displaystyle\int_0^a f(x)dx$

을 구하여라.

 풀이

$\displaystyle\int_0^a f(x)dx = (a+1)g(a)$ 라고 하자. 조건식에 의해 다음 등식이 성립한다.

$$f(x) = x e^{-\frac{x}{a}} + g(a) \Rightarrow \int_0^a f(x)dx = \int_0^a x e^{-\frac{x}{a}} + g(a)\,dx$$

$\xleftrightarrow{\text{부분적분}} = a^2\left(1 - \dfrac{2}{e}\right) + a g(a)$

$\Rightarrow (a+1)g(a) = a^2\left(1 - \dfrac{2}{e}\right) + a g(a) \Rightarrow g(a) = a^2\left(1 - \dfrac{2}{e}\right)$

$\therefore \displaystyle\int_0^a f(x)dx = a^2(a+1)\left(1 - \dfrac{2}{e}\right)$

[문제83] $\displaystyle\int_0^x f(t)dt = e^x - ae^{2x} \int_0^1 f(x)e^{-x}\,dx$ 일 때, 상수 a의 값을 구하여라.

 풀이

조건식에 $x=0$을 대입하면, $\displaystyle\int_0^1 f(x)e^{-x}\,dx = \frac{1}{a}$ $\cdots\cdots\cdots$ (1)

이를 조건식에 대입하면,

$$\int_0^x f(t)dt = e^x - e^{2x} \xrightarrow{\text{양변을 미분}} f(x) = e^x - 2e^x \text{이다.}$$

(1)식에 대입하면, $\displaystyle\frac{1}{a} = \int_0^1 1 - 2e^x\,dx = 3 - 2e \Rightarrow \therefore a = \frac{1}{3-2e}$

[문제84] $f(x) = f\left(\dfrac{c}{x}\right), (c > 1), \displaystyle\int_1^{\sqrt{c}} \dfrac{f(x)}{x} dx = 3$일 때, $\displaystyle\int_1^{c} \dfrac{f(x)}{x} dx$
을 구하여라.

풀이

조건식에서 $u = \dfrac{c}{x}$로 치환하고 적분하면 다음과 같다.

$$3 = \int_c^{\sqrt{c}} -\dfrac{x^2}{c^2} u f(u) du = \int_{\sqrt{c}}^{c} \dfrac{f(u)}{u} du = \int_{\sqrt{c}}^{c} \dfrac{f(x)}{x} dx$$

$$\therefore \int_1^{c} \dfrac{f(x)}{x} dx = \int_1^{\sqrt{c}} \dfrac{f(x)}{x} dx + \int_{\sqrt{c}}^{c} \dfrac{f(x)}{x} dx = 6$$

[문제85] $f(x) = \displaystyle\int_0^x \dfrac{dt}{\sqrt{1-t^2}}$, $(0 < x < 1)$일 때,

$f(x) + f\left(\sqrt{1-x^2}\right)$을 구하여라.

풀이

조건식에서 $t = \sin y, x = \dfrac{1}{\sqrt{2}}$ 로 치환하면,

$$f\left(\frac{1}{\sqrt{2}}\right) = \int_0^{\frac{\pi}{4}} \frac{\cos y}{\cos y}\,dy = \frac{\pi}{4}$$

$$\frac{d}{dx}\left(f\left(\sqrt{1-x^2}\right)\right) = \frac{d}{dx}\int_0^{\sqrt{1-x^2}} \frac{dt}{\sqrt{1-t^2}}$$

$$= \frac{d}{d\sqrt{1-x^2}}\left(\int_0^{\sqrt{1-x^2}} \frac{dt}{\sqrt{1-t^2}}\right)\left(\frac{d\sqrt{1-x^2}}{dx}\right)$$

$$= \frac{1}{x}\left(\frac{-x}{\sqrt{1-x^2}}\right) = -\frac{1}{\sqrt{1-x^2}} \quad \cdots\cdots (1)$$

$$\frac{d}{dx}\left\{f(x) + f\left(\sqrt{1-x^2}\right)\right\} \overset{(1)}{\longleftrightarrow} = \frac{1}{\sqrt{1-x^2}} - \frac{1}{\sqrt{1-x^2}} = 0$$

$$\Rightarrow f(x) + f\left(\sqrt{1-x^2}\right) = c$$

$$\underset{\xrightarrow{\hspace{2cm}}}{x = \frac{1}{\sqrt{2}}} \quad c = 2f\left(\frac{1}{\sqrt{2}}\right) = \frac{\pi}{2} \Rightarrow \therefore f(x) + f\left(\sqrt{1-x^2}\right) = \frac{\pi}{2}$$

[문제86] $f(x) + \displaystyle\int_1^x f(t)dt = x^2$일 때, 미분 가능한 함수 $y = f(x)$을 구하여라.

 풀이

조건식을 미분하면, $f'(x) + f(x) = 2x$, 양변에 e^x을 곱하면 다음과 같다.

$e^x f'(x) + f(x)e^x = 2x e^x \Rightarrow \dfrac{d(f(x)e^x)}{dx} = 2xe^x$ 이고, 양변을 적분하면

$f(x)e^x = 2xe^x - 2e^x + c$ ········ (1). 조건식에 $x = 1$을 대입하면,
$f(1) = 1$이다.

(1)식에 $x = 1$을 대입하면, $c = e$이고 (1)에 대입하면 다음과 같다.

$\therefore f(x) = 2x - 2 + e^{1-x}$

[문제87] $\displaystyle\int_1^{xy} f(t)dt = y\int_1^x f(t)dt + x\int_1^y f(t)dt$, $(x, y > 0)$,

$f(1) = 3$일 때, 미분 가능한 함수 $f(x)$을 구하여라.

👉 풀이

$$\frac{d}{dy}\left(\int_1^{xy} f(t)dt\right) = \frac{d}{dy}\left(y\int_1^x f(t)dt + x\int_1^y f(t)dt\right)$$

$$\Rightarrow xf(xy) = \int_1^x f(t)dt + xf(y)$$

$y = 1$을 대입하면 $xf(x) = \displaystyle\int_1^x f(t)dt + 3x$이고,

양변을 미분하면 다음과 같다.

$f(x) + xf'(x) = f(x) + 3 \Rightarrow f'(x) = \dfrac{3}{x}$ 이고, 양변을 적분하면

$f(x) = 3\ln x + c$이다.

$x = 1$을 대입하면 $c = 3 \Rightarrow \therefore f(x) = 3\ln x + 3$

[문제88] $f(x) = \int_0^x \left(4t^2 - 4t - 1\right)e^{-t^2 + t}\,dt$ 일 때, 정적분 $\int_0^1 f(x)dx$

을 구하여라.

👉 풀이

$$f(x) = \int_0^x (1 - 2t)^2 e^{-t^2 + t} + (-2)e^{-t^2 + t}\,dt$$

$$= \int_0^x (1 - 2t)\left(e^{-t^2 + t}\right)' + (1 - 2t)'\,e^{-t^2 + t}\,dt$$

$$= \left[(1 - 2t)e^{-t^2 + t}\right]_0^x = (1 - 2x)e^{-x^2 + x} - 1$$

$$\therefore \int_0^1 f(x)dx = \int_0^1 (1 - 2x)e^{-x^2 + x} - 1\,dx = \left[e^{-x^2 + x} - x\right]_0^1 = -1$$

[문제89] $\int f(x)\,dx \cdot \int \dfrac{1}{f(x)}\,dx = -1$일 때, 미분 가능한 함수 $f(x)$을 구하라.

👈 풀이

$$\int \frac{dx}{f(x)} = \frac{-1}{\int f(x)dx} \xrightarrow{\text{미분}} \frac{1}{f(x)} = \frac{f(x)}{\left(\int f(x)dx\right)^2}$$

$$\Rightarrow f(x)^2 = \left(\int f(x)dx\right)^2$$

$$\Rightarrow f(x) = \pm\int f(x)dx \xrightarrow{\text{미분}} f'(x) = \pm f(x) \Rightarrow \frac{df(x)}{f(x)} = \pm\,dx$$

$$\xrightarrow{\text{적분}} \ln f(x) = \pm x + c_1$$

$$\therefore f(x) = c\,e^{\pm x}, \left(e^{c_1} = c\right)$$

[문제90] $f(x) = \dfrac{\sin x - x\cos x}{x + \sin x}$, $(x > 0)$일 때, 적분 $\displaystyle\int \dfrac{f(x)}{\sin x}\,dx$을 구하여라.

👉 **풀이**

$$A = \int \frac{f(x)}{x}\,dx = \int \frac{\sin x - x\cos x}{x(x + \sin x)}\,dx = \int \frac{1}{x} - \frac{1 + \cos x}{x + \sin x}\,dx$$

$$= \ln\frac{x}{x + \sin x} + c$$

$$A + B = \int \frac{f(x)}{x} + \frac{f(x)}{\sin x}\,dx = \int f(x)\left(\frac{x + \sin x}{x\sin x}\right)dx$$

$$\xleftarrow{\text{조건식}} = \int \frac{1}{x} - \frac{\cos x}{\sin x}\,dx = \ln\frac{x}{\sin x} + c$$

$$\Rightarrow \therefore B = \int \frac{f(x)}{\sin x}\,dx = (A + B) - B = \ln\left(\frac{x + \sin x}{\sin x}\right) + c$$

[문제91] $\displaystyle\int_{\frac{\pi}{2}}^{\infty} \frac{\cos x}{e^{2x}-1}\,dx = \sum_{n=1}^{\infty} f(n)$일 때, 함수 $f(x)$을 구하여라.

👉 **풀이**

$$\frac{1}{1-x} = \sum_{n=0}^{\infty} x^n \Longrightarrow \frac{x}{1-x} = \sum_{n=1}^{\infty} x^n \Longrightarrow \frac{e^{-2x}}{1-e^{-2x}} = \sum_{n=1}^{\infty} e^{-2nx} \quad \cdots\cdots (1)$$

$$\int_{\frac{\pi}{2}}^{\infty} \frac{\cos x}{e^{2x}-1}\,dx = \int_{\frac{\pi}{2}}^{\infty} \frac{e^{-2x}\cos x}{1-e^{-2x}}\,dx \xleftrightarrow{(1)} = \sum_{n=1}^{\infty} \int_{\frac{\pi}{2}}^{\infty} e^{-2nx}\cos x\,dx$$

$$\xleftarrow{\,t=x-\frac{\pi}{2}\ \text{치환}\,}$$

$$= \sum_{n=1}^{\infty} \left(-e^{n\pi}\right) \int_{0}^{\infty} e^{-2nt}\sin t\,dt \xleftrightarrow{\text{부분적분}} = \sum_{n=1}^{\infty} \frac{-e^{n\pi}}{1+4n^2}$$

$$\therefore f(x) = \frac{-e^{\pi x}}{1+4x^2}$$

[문제92] $f(x)f'(-x) = f(-x)f'(x)$, $f(0) = 3$일 때, 정적분

$\displaystyle \int_{-1}^{1} \frac{1}{3+f(x)}\,dx$을 구하여라.

👉 풀이

$g(x) = f(x)f(-x)$라고 하자.

$g'(x) = f'(x)f(-x) - f(x)f'(-x) \xleftarrow{\text{조건식}} = 0$

$\Rightarrow g(x) = c \xrightarrow{x=0} c = g(0) = f(0)^2 = 9 \Rightarrow f(x)f(-x) = 9 \cdots\cdots (1)$

$I = \displaystyle\int_{-1}^{1} \frac{1}{3+f(x)}\,dx \xleftarrow{x=-t \text{ 치환}} = \int_{-1}^{1} \frac{1}{3+f(-t)}\,dt$

$= \displaystyle\int_{-1}^{1} \frac{1}{3+f(-x)}\,dx$

$\therefore 2I = \displaystyle\int_{-1}^{1} \frac{1}{3+f(x)} + \frac{1}{3+f(-x)}\,dx \xleftarrow{(1)} = \int_{-1}^{1} \frac{3+f(x)}{3(3+f(x))}\,dx$

$= \dfrac{2}{3} \Rightarrow \therefore I = \dfrac{1}{3}$

[문제93] $f'(x) = f(x) + 1 - x^2$, $f(0) = 2$일 때, 함수 $f(x)$을 구하여라.

$f'(x) - f(x) = 1 - x^2 \xrightarrow{\text{양변에 } e^{-x} \text{ 곱}} f'(x)e^{-x} - f(x)e^{-x}$

$= (1 - x^2)e^{-x} \xrightarrow{\text{적분}}$

$\Rightarrow e^{-x}f(x) = \int (1 - x^2)e^{-x}\,dx = e^{-x}(x^2 + 2x + 1) + c \xrightarrow{x=0} c = 1$

$\therefore f(x) = (x+1)^2 + e^x$

[문제94] $\lim\limits_{x \to 0} \sqrt[x]{1 + x + \dfrac{f(x)}{x}} = e^3$ 일 때, 다항함수 $f(x)$을 구하여라.

풀이

$$e^3 = \lim_{x \to 0}\left\{1 + \left(x + \frac{f(x)}{x}\right)\right\}^{\left(x + \frac{f(x)}{x}\right)^{-1}\left(1 + \frac{f(x)}{x^2}\right)} = e^{\lim\limits_{x \to 0}\left(1 + \frac{f(x)}{x^2}\right)}$$

$$\Rightarrow 3 = \lim_{x \to 0}\left(1 + \frac{f(x)}{x^2}\right). \quad \therefore f(x) = 2x^2$$

[문제95] $\displaystyle\int_1^{xy} f(t)dt = y\int_1^x f(t)dt + x\int_1^y f(t)dt$, $f(1) = 3$일 때, 미분 가능한 함수 $f(x)$을 구하여라.

$$\frac{d}{dx}\left(\int_1^{xy} f(t)dt\right) = \frac{d}{dx}\left(y\int_1^x f(t)dt + x\int_1^y f(t)dt\right)$$

$\Rightarrow yf(xy) = yf(x) + \displaystyle\int_1^y f(t)dt$. 여기에 $x = 1$을 대입한다.

$\Rightarrow yf(y) = 3y + \displaystyle\int_1^y f(t)dt \Rightarrow \frac{d}{dy}(yf(y) - 3y) = \frac{d}{dy}\left(\int_1^y f(t)dt\right)$

$\Rightarrow yf'(y) = 3$

$\Rightarrow f'(y) = \dfrac{3}{y} \Rightarrow f(y) = 3\ln y + c \xrightarrow{y=1} c = 3$. $\therefore f(x) = 3(1 + \ln x)$

[문제96] $f(x) + 2f\left(\dfrac{1}{x}\right) = 3x$, $(x \neq 0)$일 때, 함수 $f(x)$을 구하여라.

 풀이

조건식에서 x대신에 $\dfrac{1}{x}$을 대입하면, $f\left(\dfrac{1}{x}\right) + 2f(x) = \dfrac{3}{x}$ $\dfrac{\text{조건식에} +}{\text{조건식에} -}$ ⟹

$\Rightarrow f(x) + f\left(\dfrac{1}{x}\right) = x + \dfrac{1}{x}$ ······ (1)

$f(x) - f\left(\dfrac{1}{x}\right) = \dfrac{3}{x} - 3x$ ········ (2)

(1), (2)을 더하면 구하는 함수가 나타난다. $\therefore f(x) = \dfrac{2}{x} - x$

[문제97] $\begin{cases} f(3x-1)+g(6x-1) = 3x \\ f(x+1)+x^2 g(2x+3) = 2x^2+x \end{cases}$ 일 때, 함수 $f(x)$을 구하여라.

$3x-1 = u$, $x+1 = v$라고 하자. 다음 조건식으로 변한다.

$\begin{cases} f(u)+g(2u+1) = u+1 \\ f(v)+(v-1)^2 g(2v+1) = (v-1)(2v-1) \end{cases}$ $\Rightarrow u, v$을 y로 변환한다.

$\begin{cases} f(y)+g(2y+1) = y+1 \\ f(y)+(y-1)^2 g(2y+1) = (y-1)(2y-1) \end{cases}$ 두 식을 빼면

$g(2y+1) = 2$ 이고 대입한다.

$\therefore f(x) = x-1$

[문제98] $3f\left(\dfrac{1}{x}\right) + \dfrac{2f(x)}{x} = x^2$, $(x \neq 0)$일 때, 함수 $f(x)$을 구하여라.

👉 **풀이**

조건식에 $2x$을 곱한다. $6xf\left(\dfrac{1}{x}\right) + 4f(x) = 2x^3 \cdots\cdots (1)$

x대신에 $\dfrac{1}{x}$을 대입한다. $\dfrac{6}{x}f(x) + 4f\left(\dfrac{1}{x}\right) = \dfrac{2}{x^3} \xrightarrow{\;\;3x/2\text{을 곱하면}\;\;}$

$9f(x) + 6xf\left(\dfrac{1}{x}\right) = \dfrac{3}{x^2}$

(1)식과 빼면, 구하는 함수 $\therefore f(x) = \dfrac{3}{5x^2} - \dfrac{2x^3}{5}$

[문제99] $f''(x) - f'(x) = \dfrac{e^x + e^{-x}}{2}$, $f(0) = 1$, $f'(0) = 0$일 때, 함수 $f(x)$을 구하라.

 풀이

조건식에 e^{-x}을 곱하면, 다음 식이 유도된다.

$$\frac{1 + e^{-2x}}{2} = e^{-x} f''(x) - f'(x) e^{-x} = \frac{d}{dx}\left(e^{-x} f'(x)\right)$$

$\underrightarrow{\text{양변을 적분하면}}$

$$\Rightarrow e^{-x} f'(x) = \frac{x}{2} - \frac{e^{-2x}}{4} + c \xrightarrow{\ x = 0\ } c = \frac{1}{4}$$

$$\Rightarrow f'(x) = \frac{x e^x}{2} + \frac{e^x}{4} - \frac{e^{-x}}{4} \xrightarrow{\text{양변을 적분하면}}$$

$$\Rightarrow f(x) = \frac{(x-1)e^x}{2} + \frac{e^{-x}}{4} + \frac{e^x}{4} + c \xrightarrow{\ x = 0\ } c = 1$$

$$\Rightarrow \therefore f(x) = \frac{(2x-1)e^x}{4} + \frac{1}{4e^x} + 1$$

[문제100] $xf'(x) + f(x) = x\ln x, (x \neq 0), f(1) = 0$일 때, 함수 $f(x)$을 구하여라.

👉 풀이

조건식에서 $f'(x) = \dfrac{x^2 \ln x - x f(x)}{x^2}$ ········ (1)

(ⅰ). $xf'(x) + f(x) = 0$의 해를 $f_1(x)$라고 하자.

$\Rightarrow xf_1'(x) + f_1(x) = 0 \Rightarrow \dfrac{df_1(x)}{f_1(x)} = -\dfrac{dx}{x} \xrightarrow{\text{적분}} \ln f_1(x) = \ln \dfrac{c}{x}$

$\Rightarrow f_1(x) = \dfrac{c}{x}$

(ⅱ). $xf'(x) + f(x) = x\ln x$의 해를 $f_2(x)$라고 하자.

(1)에 의해 $f_2(x) = \dfrac{c(x)}{x}$ 라고 하자.

$f_2'(x) = \dfrac{c'(x)x - c(x)}{x^2} \xrightarrow{(1)} c'(x) = x\ln x$

$\Rightarrow c(x) = \dfrac{x^2 \ln x}{2} - \dfrac{x^2}{4} \Rightarrow f_2(x) = \dfrac{x\ln x}{2} - \dfrac{x}{4}$

전체의 해는 $f_1(x) + f_2(x)$이다.

$f(x) = f_1(x) + f_2(x) = \dfrac{x\ln x}{2} - \dfrac{x}{4} + \dfrac{c}{x} \xrightarrow{x=1} c = \dfrac{1}{4}$

$\Rightarrow \therefore f(x) = \dfrac{x\ln x}{2} - \dfrac{x}{4} + \dfrac{1}{4x}$

[문제101] $\dfrac{f(x)}{x} - x\cos x = f\,'(x),\ f\!\left(\dfrac{\pi}{2}\right) = 0$일 때, 함수 $f(x)$을 구하여라.

👉 풀이

조건식에 x을 나누면, $\dfrac{f\,'(x)}{x} - \dfrac{f(x)}{x^2} = -\cos x \ \Rightarrow\ \dfrac{d}{dx}\!\left(\dfrac{f(x)}{x}\right) = -\cos x$

$\Rightarrow \dfrac{f(x)}{x} = -\sin x + c \xrightarrow{\ x = \frac{\pi}{2}\ } c = 1 \ \Rightarrow \therefore f(x) = x - x\sin x$

[문제102] $f'(x) + \dfrac{f(x)}{x} = x^2 f(x)^3$, $(x \neq 0)$, $f(1) = \dfrac{1}{2}$ 일 때, 함수 $f(x)$을 구하여라.

풀이

조건식에 $f(x)^3$으로 나누면, $\dfrac{f'(x)}{f(x)^3} + \dfrac{1}{xf(x)^2} = x^2$ 이고 $v(x) = \dfrac{1}{f(x)^2}$ 라 하자.

$\dfrac{dv(x)}{df(x)} = -\dfrac{2}{f(x)^3} \Rightarrow \dfrac{dv(x)}{dx} = -\dfrac{2}{f(x)^3}\dfrac{df(x)}{dx} \Rightarrow v'(x) = -\dfrac{2f'(x)}{f(x)^3}$ 이다.

앞 식에 대입한다. 그러면 다음과 같은 식이 유도된다.

$-\dfrac{v'(x)}{2} + \dfrac{v(x)}{x} = x^2 \Rightarrow \dfrac{v'(x)}{x^2} - \dfrac{2v(x)}{x^3} = -2$

$\Rightarrow -2 = \dfrac{x^2 v'(x) - 2x v(x)}{x^4} = \dfrac{d}{dx}\left(\dfrac{v(x)}{x^2}\right)$

$\xrightarrow{\text{적분}} -2x + c = \dfrac{v(x)}{x^2} \xrightarrow{x=1} c = 6$

$\Rightarrow \therefore f(x) = \dfrac{1}{\sqrt{6x^2 - 2x^3}}, \left(\because f(1) = \dfrac{1}{2}\right)$

[문제103] $f(x) + \int_0^x e^t f(x-t)^3 \, dt = ae^x$, $(a \neq 0)$일 때, 함수 $f(x) > 0$을 구하여라.

풀이

$x-t = u$라고 하자. 조건식이 다음과 같다.

$$ae^x = f(x) - \int_x^0 e^{x-u} f(u)^3 \, du = f(x) + e^x \int_0^x e^{-u} f(u)^3 \, du$$

e^x 나누면

$$\Rightarrow a = \frac{f(x)}{e^x} + \int_0^x e^{-u} f(u)^3 \, du \quad \xrightarrow{\; g(x) = \dfrac{f(x)}{e^x} \;} \quad = g(x) + \int_0^x e^{2u} g(u)^3 \, du$$

양변을 미분하면

$$\Rightarrow 0 = g'(x) + e^{2x} g(x)^3 \Rightarrow -\frac{dg(x)}{g(x)^3} = e^{2x} \, dx \xrightarrow{\text{적분}}$$

$$\frac{1}{2g(x)^2} = \frac{1}{2}\left(e^{2x} + c\right)$$

$$\Rightarrow g(x) = \frac{1}{\sqrt{e^{2x} + c}}.$$ 이를 앞 식에 대입하면 다음과 같다.

$$a = \frac{1}{\sqrt{e^{2x} + c}} + \int_0^x e^{2u}\left(e^{2u} + c\right)^{-\frac{3}{2}} \, du$$

$$= \frac{1}{\sqrt{e^{2x} + c}} + \frac{1}{2} \int_0^x \left(e^{2u} + c\right)^{-\frac{3}{2}} \, d\left(e^{2u} + c\right)$$

$$= \frac{1}{\sqrt{e^{2x} + c}} - \left[\left(e^{2u} + c\right)^{-\frac{1}{2}}\right]_0^x = \frac{1}{\sqrt{1 + c}} \Rightarrow c = \frac{1}{a^2} - 1$$

$$\therefore f(x) = \frac{e^x}{\sqrt{e^{2x} + a^{-2} - 1}}$$

[문제104] $f'(x) = 3g(x),\ g'(x) = f(x) - h(x),\ h'(x) = -g(x),$

$f(0) = h(0) = \dfrac{1}{2},\ g(0) = 1$일 때, 함수 $f(x), g(x), h(x)$을 구하여라.

풀이

$$g''(x) = f'(x) - h'(x) \xleftarrow{\text{조건식 대입}} = 4g(x) \Rightarrow 0 = g''(x) - 4g(x)$$

$$\Rightarrow 0 = \left(\frac{d^2}{dx^2} - 4\right)g(x) = \left(\frac{d}{dx} - 2\right)\left(\frac{d}{dx} + 2\right)g(x)$$

$$\Rightarrow 0 = g'(x) - 2g(x),\ 0 = g'(x) + 2g(x)$$

(i). $g_1'(x) = 2g_1(x) \Rightarrow \dfrac{dg_1(x)}{g_1(x)} = 2dx \xrightarrow{\text{적분}} g_1(x) = c_1 e^{2x}$

(ii). $g_2'(x) = -2g_2(x) \Rightarrow \dfrac{dg_2(x)}{g_2(x)} = -2\,dx \xrightarrow{\text{적분}} g_2(x) = c_2 e^{-2x}$

$$\Rightarrow g(x) = c_1 e^{2x} + c_2 e^{-2x}$$

조건식에 대입하면,

$$h'(x) = -c_1 e^{2x} - c_2 e^{-2x} \xrightarrow{\text{적분}} h(x) = -\frac{c_1}{2}e^{2x} + \frac{c_2}{2}e^{-2x} + c_3$$

$$f'(x) = 3c_1 e^{2x} + 3c_2 e^{-2x} \xrightarrow{\text{적분}} f(x) = \frac{3c_1}{2}e^{2x} - \frac{3c_2}{2}e^{-2x} + c_4$$

$$\Rightarrow g'(x) = f(x) - h(x) = 2c_1 e^{2x} - 2c_2 e^{-2x} + c_4 - c_3 \xrightarrow{\text{앞 식과 비교}}$$

$$c_4 = c_3, \xrightarrow{\ x=0\ } c_1 = c_2 = c_3 = \frac{1}{2}$$

$$\Rightarrow \therefore f(x) = \frac{3}{4}\left(e^{2x} - e^{-2x}\right) + \frac{1}{2},\ g(x) = \frac{1}{2}\left(e^{2x} + e^{-2x}\right),$$

$$h(x) = \frac{1}{4}\left(e^{-2x} - e^{2x}\right) + \frac{1}{2}$$

[문제105] $\begin{cases} f'(x) = -3f(x) + g(x) \\ g'(x) = f(x) - 3g(x) + e^{-x} \end{cases}$, $f(0) = g(0) = 0$일 때,

함수의 합 $f(x) + g(x)$을 구하여라.

👈 **풀이**

조건식을 더하면, $(f(x) + g(x))' = -2(f(x) + g(x)) + e^{-x}$ $\xrightarrow{\;e^{2x}\text{ 곱하면}\;}$

$\Rightarrow e^{x} = e^{2x}(f(x) + g(x))' + 2e^{2x}(f(x) + g(x)) = \dfrac{d}{dx}\left(e^{2x}(f(x) + g(x))\right)$

$\underrightarrow{\;\text{적분}\;}$

$\Rightarrow e^{x} + c = e^{2x}(f(x) + g(x)) \xrightarrow{\;x = 0\;} c = -1 \Rightarrow \therefore f(x) + g(x)$

$= e^{-x} - e^{-2x}$

[문제106] $x\,g(f(x))f'(g(x))g'(x) = f(g(x))g'(f(x))f'(x)$,

$\displaystyle\int_0^a f(g(x))dx = 1 - \frac{1}{2e^{2a}}$, $g(f(0)) = 1$일 때, 합성함수 $g \circ f(x)$을 구하여라.

풀이

조건식에서 $\dfrac{d}{da}\left(\displaystyle\int_0^a f(g(x))dx\right) = \dfrac{d}{da}\left(1 - \dfrac{1}{2e^{2a}}\right) \Rightarrow f(g(a)) = \dfrac{1}{e^{2a}}$

$\cdots\cdots$ (1)

조건식에서

$x\left(\dfrac{f'(g(x))g'(x)}{f(g(x))}\right) = \dfrac{g'(f(x))f'(x)}{g(f(x))} \Rightarrow x\dfrac{d}{dx}(\ln f(g(x)))$

$= \dfrac{d}{dx}(\ln g(f(x)))$

$\xrightarrow{(1)} \dfrac{d}{dx}(\ln g(f(x))) = x\dfrac{d}{dx}\left(\ln\dfrac{1}{e^{2x}}\right) = x(-2) = -2x \xrightarrow{\text{적분}}$

$\ln g(f(x)) = -x^2 + c \xrightarrow{x=0}$

$\Rightarrow c = 0 \Rightarrow \therefore g \circ f(x) = e^{-x^2}$

[문제107] $f'(x) = \dfrac{\cos x}{x}$, $f\left(\dfrac{\pi}{2}\right) = a$, $f\left(\dfrac{3\pi}{2}\right) = b$ 일 때, 정적분 $\displaystyle\int_{\frac{\pi}{2}}^{\frac{3\pi}{2}} f(x)\,dx$을 구하여라.

👉 풀이

$$\int_{\frac{\pi}{2}}^{\frac{3\pi}{2}} (x f(x))'\,dx = \int_{\frac{\pi}{2}}^{\frac{3\pi}{2}} f(x) + x f'(x)\,dx \xrightarrow{\text{조건식}}$$

$$\left[x f(x)\right]_{\frac{\pi}{2}}^{\frac{3\pi}{2}} = \int_{\frac{\pi}{2}}^{\frac{3\pi}{2}} f(x)\,dx + \left[\sin x\right]_{\frac{\pi}{2}}^{\frac{3\pi}{2}}$$

$$\xrightarrow{\text{조건식}} \quad \therefore \int_{\frac{\pi}{2}}^{\frac{3\pi}{2}} f(x)\,dx = 2 - \frac{\pi}{2}(a - 3b)$$

[문제108] $f(x)+f(2x+y)+5xy = f(3x-y)+2x^2+1$일 때, 함수 $f(x)$을 구하라.

 풀이

$2x+y = 3x-y \Rightarrow y = \dfrac{x}{2}$ 을 조건식에 대입하면, $\therefore f(x) = 1 - \dfrac{x^2}{2}$

[문제109] $f(x) + f\left(\dfrac{1}{x}\right) = 1$일 때, 정적분 $\displaystyle\int_{\frac{1}{\sqrt{3}}}^{\sqrt{3}} \dfrac{(x+1)f(x)}{x\sqrt{x^2+1}}\,dx$ 을

구하여라.

$$\frac{d}{dx}\ln\left(x+\sqrt{1+x^2}\right) = \frac{1}{\sqrt{1+x^2}} \quad\cdots\cdots (1)$$

$$I = \int_{\frac{1}{\sqrt{3}}}^{\sqrt{3}} \frac{(x+1)f(x)}{x\sqrt{x^2+1}}\, dx$$

$$\xleftarrow{\ x=y^{-1}\ } = \int_{\sqrt{3}}^{\frac{1}{\sqrt{3}}}(-1)\frac{(1+y)f\left(\frac{1}{y}\right)}{y\sqrt{1+y^2}}\,dy = \int_{\frac{1}{\sqrt{3}}}^{\sqrt{3}} \frac{(x+1)f\left(\frac{1}{x}\right)}{x\sqrt{x^2+1}}\,dx$$

$$\Rightarrow 2I \xleftarrow{\ \text{조건식}\ } = \int_{\frac{1}{\sqrt{3}}}^{\sqrt{3}} \frac{x+1}{x\sqrt{x^2+1}}\,dx$$

$$= \int_{\frac{1}{\sqrt{3}}}^{\sqrt{3}} \frac{dx}{\sqrt{1+x^2}} + \int_{\frac{1}{\sqrt{3}}}^{\sqrt{3}} \frac{dx}{x\sqrt{1+x^2}} \xrightarrow[\ x=\tan\theta\ ]{(1)}$$

$$= \left[\ln\left(x+\sqrt{1+x^2}\right)\right]_{\frac{1}{\sqrt{3}}}^{\sqrt{3}} + \int_{\frac{\pi}{6}}^{\frac{\pi}{3}} \frac{\sec^2\theta}{\tan\theta\sec\theta}\,d\theta$$

$$= \ln\left(1+\frac{2}{\sqrt{3}}\right) + \int_{\frac{\pi}{6}}^{\frac{\pi}{3}} \operatorname{cosec}\theta\, d\theta$$

$$= \ln\left(1+\frac{2}{\sqrt{3}}\right) - \left[\ln(\operatorname{cosec}\theta+\cot\theta)\right]_{\frac{\pi}{6}}^{\frac{\pi}{3}} = \ln\left(1+\frac{2}{\sqrt{3}}\right) - \ln\left(1+\frac{2}{\sqrt{3}}\right) = 0$$

$$\therefore I = 0$$

[문제110] $f(x) = \displaystyle\int \frac{(x-1)^2 f(x)}{1+x^2}\, dx$일 때, 미분 가능한 함수 $f(x)$을 구하여라.

👈 풀이

조건식을 미분하면, $f'(x) = \dfrac{(x-1)^2 f(x)}{1+x^2} \Rightarrow \dfrac{f'(x)}{f(x)} = \dfrac{(x-1)^2}{x^2+1}$

$= 1 - \dfrac{2x}{x^2+1}$

$\xrightarrow{\text{적분}} \ln f(x) = x - \ln(x^2+1) + c \Rightarrow (x^2+1) f(x) = e^{x+c}$

$\Rightarrow \therefore f(x) = \dfrac{e^{x+c}}{1+x^2}$

[문제111] $f(x) = \left(\int_0^x e^{-t^2} dt \right)^2 + \int_0^1 \dfrac{e^{-x^2(1+t^2)}}{1+t^2} dt$일 때, 미분 $f'(x)$ 을 구하여라.

풀이

$$f'(x) = 2e^{-x^2} \int_0^x e^{-t^2} dt + \int_0^1 \left(\frac{-2x(1+t^2)}{1+t^2} \right) e^{-x^2(1+t^2)} dt$$

$$= 2e^{-x^2} \int_0^x e^{-t^2} dt - 2xe^{-x^2} \int_0^1 e^{-(xt)^2} dt \xleftrightarrow{xt=y}$$

$$= 2e^{-x^2} \int_0^x e^{-y^2} dy - 2e^{-x^2} \int_0^x e^{-y^2} dy = 0$$

[문제112] $f'(x) > 1$, $f(0) > 0$이고 $\displaystyle\int_x^1 f(t)dt \geq \frac{1-x^2}{2}$, $(0 < x < 1)$을 만족할 때, $\displaystyle\int_0^1 x f(x)dx \leq \int_0^1 f(x)^2\,dx$임을 증명하여라.

증명

$\displaystyle\int_x^1 f(t)dt \geq \frac{1-x^2}{2} = \int_x^1 t\,dt \Rightarrow t \leq f(t) \Rightarrow x f(x) \leq f(x)^2 \Rightarrow$

양변을 적분

$\displaystyle \therefore \int_0^1 x f(x)dx \leq \int_0^1 f(x)^2\,dx$

[문제113] $\dfrac{dy}{dx} = \dfrac{x^2+y^2}{2xy}$, $f(1) = 2$일 때, 그래프$y = f(x)$식을 구하여라.

 풀이

$$(x^2+y^2)dx = 2xy\,dy \xrightarrow{\;x^2 \text{으로 나누면}\;} \left(1+\left(\frac{y}{x}\right)^2\right)dx = 2\left(\frac{y}{x}\right)dy$$

$$\xrightarrow[dy = u\,dx + x\,du]{u = \frac{y}{x}}$$

$$\Rightarrow (1+u^2)dx = 2u(u\,dx + x\,du) \Rightarrow (u^2-1)dx = -2xu\,du$$

$$\Rightarrow \left(\frac{2u}{u^2-1}\right)du = -\frac{1}{x}\,dx \xrightarrow{\;\text{적분}\;}$$

$$\Rightarrow \ln(u^2-1) = \ln\left(\frac{c}{x}\right) \Rightarrow u^2-1 = \frac{c}{x} \xrightarrow{\;x=1,\,y=2\;} c = 3$$

$$\therefore x^2 + 3x - y^2 = 0$$

[문제114] $f(x) = \displaystyle\int \frac{(x-1)^2 f(x)}{1+x^2} \, dx$, $f(0) = 1$일 때, 미분 가능한 함수 $f(x)$을 구하여라.

![풀이]

조건식을 미분하면, $f'(x) = \dfrac{(x-1)^2 f(x)}{1+x^2}$ $\Rightarrow \dfrac{f'(x)}{f(x)} = 1 - \dfrac{2x}{x^2+1}$

$\xrightarrow{\text{적분}}$

$\Rightarrow \ln f(x) = x - \ln(x^2+1) + c \Rightarrow \ln f(x)(x^2+1) = x + c$

$\Rightarrow f(x) = \dfrac{e^{x+c}}{x^2+1} \xrightarrow{\;\;f(0)=1\;\;} c = 0$

$\therefore f(x) = \dfrac{e^x}{1+x^2}$

[문제115] $f'(x) = \dfrac{y}{x}\left(\dfrac{1+xy}{1-3xy}\right)$, $f(1)=2$일 때, 그래프 $y=f(x)$식을 구하여라.

 풀이

$xy = u$라고 하자. $xdy + ydx = du \Rightarrow \dfrac{dy}{dx} = \dfrac{1}{x}\left(\dfrac{du}{dx} - y\right) \xrightarrow{\text{조건식}}$

$\Rightarrow \dfrac{du}{dx} - y = y\left(\dfrac{1+u}{1-3u}\right) \Rightarrow \dfrac{du}{dx} = y\left(\dfrac{2-2u}{1-3u}\right) = \dfrac{u}{x}\left(\dfrac{2-2u}{1-3u}\right)$

$\Rightarrow \dfrac{2}{x}dx = \dfrac{3u-1}{u(u-1)}du = \left(\dfrac{1}{u} + \dfrac{2}{u-1}\right)du \xrightarrow{\text{적분}}$

$cx^2 = u(u-1)^2 \xrightarrow{x=1,\, u=2} c=2$

$\therefore 2x^2 = xy(xy-1)^2 \Rightarrow 2x = y(xy-1)^2$

[문제116] 방정식 $4^x = 3^x + \tan 15\,^\circ$ 일 때, 방정식해 x을 구하여라.

$$\tan 15\,^\circ = \frac{2\sin 15\,^\circ \cos 15\,^\circ}{2\cos^2 15\,^\circ} = \frac{\sin 30\,^\circ}{1 + \cos 30\,^\circ} = 2 - \sqrt{3} \xrightarrow{\text{조건식}}$$

$$\Rightarrow 2^{2x} - \sqrt{3^{2x}} = 2 - \sqrt{3} \Rightarrow \therefore x = \frac{1}{2}$$

[문제117] $\displaystyle\int_0^x f(t)dt + \int_0^1 (x+t)^2 f(t)dt = x^2 + c,\ (c \in R)$일 때, 다항함수 $f(x)$을 구하여라.

 풀이

$\dim\{f(x)\} = n$이라 하면, $\dim\left\{\displaystyle\int_0^x f(t)dt\right\} = n+1 \xrightarrow{\ \text{조건식}\ } n = 1$ 이다.

$\Rightarrow f(x) = ax + b \Rightarrow x^2 + c = \displaystyle\int_0^x at + b\,dt + \int_0^1 (x+t)^2 (at+b)dt$

$= (a+b)x^2 + 2\left(\dfrac{a}{3} + b\right)x + \dfrac{a}{4} + \dfrac{b}{3}$

$\Rightarrow a = \dfrac{3}{2},\ b = -\dfrac{1}{2},\ c = \dfrac{5}{24}.\ \therefore f(x) = \dfrac{3}{2}x - \dfrac{1}{2}$

[문제118] $f(a+b) = f(a) + f(b)$, $I_n = n \int_0^n f(x)dx$, $\sum\limits_{i=1}^{5} I_i = 450$일 때, $f(n)$을 구하여라.

조건식에서 $a=b=0 \Rightarrow f(0)=0$, $f(n-t)=f(n)+f(-t)$ ······ (1)

$b=-a$이면 $0=f(0)=f(a-a)=f(a)+f(-a)$········· (2)

$$I_n \xleftarrow{x=n-t} = n\int_0^n f(n-t)dt \xleftarrow{(1)} = n\int_0^n f(n)+f(-t)dt$$

$$= n^2 f(n)+n\int_0^n f(-t)dt$$

조건식과 더하면, $2I_n = n^2 f(n)+n\int_0^n f(t)+f(-t)dt \xleftarrow{(2)} = n^2 f(n)$

$$\Rightarrow I_n = \frac{n^2}{2}f(n)$$

$a=b=1 \Rightarrow f(2)=2f(1)$, $a=2, b=1 \Rightarrow f(3)=3f(1)$, ..., $f(n)=nf(1)$
········ (3)

$$450 = \frac{1}{2}f(1)+\frac{2^2}{2}f(2)+\cdots+\frac{5^2}{2}f(5) \xleftarrow{(3)} = \frac{225}{2}f(1)$$

$$\Rightarrow f(1)=4. \quad \therefore f(n)=4n$$

[문제119] $f(x) = x + \displaystyle\int_0^1 (x^2 t + t^2 x) f(t) dt$ 일 때, 함수 $f(x)$을 구하여라.

$$f(x) = x\left(1 + \int_0^1 t^2 f(t) dt\right) + x^2 \left(\int_0^1 t f(t) dt\right) = bx + ax^2 \xrightarrow{\text{조건식에 대입}}$$

$$\Rightarrow ax^2 + bx = x + \int_0^1 (x^2 t + t^2 x)(at^2 + bt) dt = \left(\frac{a}{4} + \frac{b}{3}\right)x^2 + \left(\frac{a}{5} + \frac{b}{4} + 1\right)x$$

$$\Rightarrow a = \frac{80}{119}, b = \frac{180}{119}. \quad \therefore f(x) = \frac{20}{119}(4x^2 + 9x)$$

[문제120] $f'(x) = \dfrac{(x+y)^2}{(x+2)(y-2)}$, $f(1) = 2$일 때, 그래프$y = f(x)$식을 구하여라.

👉 **풀이**

$$\frac{dy}{dx} = \frac{(x+2+y-2)^2}{(x+2)(y-2)} = \frac{x+2}{y-2} + \frac{y-2}{x+2} + 2 \xrightarrow{\ y-2 = t(x+2)\ }$$

$$\frac{t\,dt}{2t+1} = \frac{dx}{x+2}$$

$$\xrightarrow{\text{적분}} \frac{t}{2} - \frac{\ln(2t+1)}{4} = \ln c(x+2) \xrightarrow{\ x=1\ } c = \frac{1}{3}$$

$$\Rightarrow \therefore \frac{y-2}{2x+4} - \frac{1}{4}\ln\left(\frac{x+2y-2}{x+2}\right) = \ln\frac{x+2}{3}$$

미 분 함 수 5

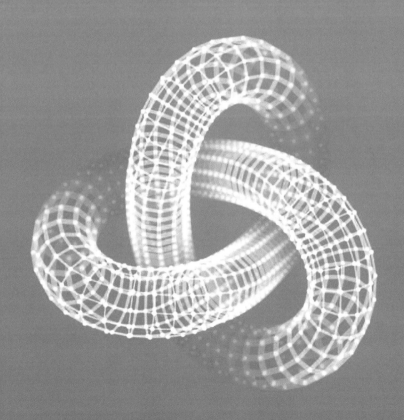

[문제121] $g(x) = \int_x^a \frac{f(t)}{t} dt$, $(0 \le x \le a)$일 때, $\int_0^a f(x)dx =$ $\int_0^a g(x)dx$임을 증명하여라.

👉 **풀이**

조건식에서

$g'(x) = -\frac{f(x)}{x} \Rightarrow -f(x) = xg'(x) \Rightarrow -\int_0^a f(x)dx = \int_0^a xg'(x)dx$

$\xleftrightarrow{\text{부분적분}} = -\int_0^a g(x)dx$, $(\because g(a) = 0)$

$\therefore \int_0^a f(x)dx = \int_0^a g(x)dx$

[문제122] $\int_0^x f(u)(x-u)\,du = \int_0^x \left(\int_0^u f(x)dx \right) du$ 임을 증명하여라.

증명

$$\int_0^x \left(\int_0^u f(x)dx \right) du = \int_0^x u' \left(\int_0^u f(x)dx \right) du$$

$$= \left[u \int_0^u f(x)dx \right]_0^x - \int_0^x uf(u)du$$

$$= x \int_0^x f(t)dt - \int_0^x tf(t)dt = \int_0^x (x-t)f(t)dt = \int_0^x f(u)(x-u)du$$

[문제123] $f(x) = \displaystyle\int_1^x \dfrac{\ln t}{1+t}\, dt$일 때, 미분 가능한 함수 $f(x) + f\left(\dfrac{1}{x}\right)$을 구하여라.

$f(1) = 0$. 조건식을 미분하면, $f'(x) = \dfrac{\ln x}{1+x}$, $f'(y) = \dfrac{\ln y}{1+y}$

$\underrightarrow{y = x^{-1}}$

$$\Rightarrow \frac{\ln x^{-1}}{1+x^{-1}} = -\frac{x\ln x}{1+x} = \frac{df(y)}{dy} = \frac{df\left(\dfrac{1}{x}\right)}{dx} \times \frac{dx}{dy} \xleftarrow{\quad \frac{dx}{dy} = -x^2 \quad}$$

$$= -x^2 \frac{d}{dx} f\left(\frac{1}{x}\right)$$

$$\Rightarrow \frac{d}{dx} f\left(\frac{1}{x}\right) = \frac{\ln x}{x(1+x)}$$

$$\Rightarrow \frac{d}{dx}\left\{ f(x) + f\left(\frac{1}{x}\right) \right\} = \frac{\ln x}{1+x} + \frac{\ln x}{x(1+x)} = \frac{\ln x}{x} \xrightarrow{\text{적분}}$$

$$\Rightarrow f(x) + f\left(\frac{1}{x}\right) = \frac{1}{2}(\ln x)^2 + c \xleftarrow{\quad x=1 \quad} c = 0 \Rightarrow \therefore f(x) + f\left(\frac{1}{x}\right) = \frac{(\ln x)^2}{2}$$

[문제124] $f'(x) = \dfrac{1}{x^2 + 3f(x)^2}$, $(f(1) = 0,\ x \geq 1)$일 때, 부등식

$f(x) \leq \sqrt{\dfrac{x-1}{2}}$ 임을 증명하여라.

증명

조건식에서 $f'(x) > 0$이므로 $f(x)$는 증가함수이다. $f(x) \geq f(1) = 0$

$0 \leq (f(x)-1)^2 \Rightarrow 2f(x) \leq 1 + f(x)^2$ $\cdots\cdots$ (1)

$\big(1 + 3f(t)^2\big)f'(t) \xleftarrow{\text{조건}} \leq \big(t^2 + 3f(t)^2\big)f'(t) \xleftarrow{\text{조건식}} = 1$ $\cdots\cdots$ (2)

$x - 1 = \displaystyle\int_1^x 1\,dt \geq \int_1^x \big(1 + 3f(t)^2\big)f'(t)\,dt = \Big[f(t) + f(t)^3\Big]_1^x$

$= f(x) + f(x)^3$

$\Rightarrow x - 1 \geq f(x)\big(1 + f(x)^2\big) \xleftarrow{(1)} \geq 2f(x)^2 \Rightarrow \therefore f(x) \leq \sqrt{\dfrac{x-1}{2}}$

156 대입 수학 논술 1

[문제125] $y' \cos(2y) + \dfrac{\sin(2y)}{x} = e^x$, $f(1) = 0$일 때, 그래프$y = f(x)$

식을 구하여라.

👉 **풀이**

$\sin(2y) = z$라고 하자. $\dfrac{dz}{dx} = 2\cos(2y)\,y' \xrightarrow{\text{조건식}} \dfrac{dz}{dx} + \dfrac{2z}{x} = 2e^x$. x^2

을 곱하면 $2x^2 e^x = x^2 \dfrac{dz}{dx} + 2xz = \dfrac{d}{dx}\left(x^2 z\right) \xrightarrow{\text{적분}} x^2 z = 2\displaystyle\int x^2 e^x \, dx$

$= 2x^2 e^x - 4xe^x + 4e^x + c$

$\xrightarrow{x=1} c = -2e$. $\therefore \sin(2y) = 2e^x - \dfrac{4e^x}{x} + \dfrac{4e^x - 2e}{x^2}$

[문제126] $f(x) = \displaystyle\int_1^x \frac{\ln t}{1+t+t^2}\,dt$ 일 때, $f(x) = f\left(\dfrac{1}{x}\right)$ 임을 증명하여라.

증명

$$f'(x) = \frac{\ln x}{1+x+x^2} \Rightarrow f'\left(\frac{1}{x}\right) = \frac{\ln\left(\dfrac{1}{x}\right)}{1+\dfrac{1}{x}+\dfrac{1}{x^2}} = -\frac{x^2\ln x}{1+x+x^2}$$

$$= -x^2 f'(x)$$

$$\Rightarrow -\frac{1}{x^2} f'\left(\frac{1}{x}\right) = f'(x)$$

$$\Rightarrow \int f'(x)\,dx = \int f'\left(\frac{1}{x}\right)\left(-\frac{1}{x^2}\right)dx = \int f'\left(\frac{1}{x}\right)d\left(\frac{1}{x}\right)$$

$$\Rightarrow f(x) = f\left(\frac{1}{x}\right) + c \xrightarrow{\ x=1\ } c = 0 \ . \ \therefore \ f(x) = f\left(\frac{1}{x}\right)$$

[문제127] $\displaystyle\int_0^x t^2 - 8t + 13\,dt = x\sin\left(\dfrac{a}{x}\right), (a \in R)$일 때, 상수 a값을 구하여라.

풀이

$x\sin\left(\dfrac{a}{x}\right) = \dfrac{x^3}{3} - 4x^2 + 13x \Rightarrow 3\sin\left(\dfrac{a}{x}\right) = x^2 - 12x + 39$

$= (x-6)^2 + 3$

$\Rightarrow 3\left(\sin\dfrac{a}{x} - 1\right) = (x-6)^2 \Rightarrow \sin\dfrac{a}{x} - 1 \geq 0 \Rightarrow x = 6,\ \sin\dfrac{a}{x} = 1 = \sin\dfrac{\pi}{2}$

$\Rightarrow \therefore a = 3\pi$

[문제128] $f'(x) = \dfrac{y(y^3+x)}{x(y^3-x)}$, $f(1)=1$일 때, 그래프 $y=f(x)$식을 구하여라.

풀이

$$\left(\frac{x}{y}\right)\frac{dy}{dx} = \frac{y^3+x}{y^3-x} \Rightarrow y^3(ydx-xdy) = -x(ydx+xdy)$$

$$\Rightarrow ydx+xdy = (xy)^2\left(\frac{y}{x}\right)\left(\frac{xdy-ydx}{x^2}\right)$$

$$\Rightarrow \frac{ydx+xdy}{(xy)^2} = \left(\frac{y}{x}\right)\left(\frac{xdy-ydx}{x^2}\right) \Rightarrow \frac{d(xy)}{(xy)^2} = \left(\frac{y}{x}\right)d\left(\frac{y}{x}\right)$$

$$\xrightarrow{\text{적분}} -\frac{1}{xy} = \frac{1}{2}\left(\frac{y}{x}\right)^2 + c \xrightarrow{x=1} c = -\frac{3}{2} \ \therefore \ \left(\frac{y}{x}\right)^2 = 3 - \frac{2}{xy}$$

[문제129] $f'(a-x) = f'(x)$일 때, 정적분 $\displaystyle\int_0^a f(x)dx$ 을 구하여라.

👉 **풀이**

$$\int_a^b f(x)dx = \int_a^b f(a+b-x)dx \cdots\cdots (1)$$

$$\int_0^a f(x)dx = [xf(x)]_0^a - \int_0^a xf'(x)dx$$

$$\xleftrightarrow{(1)} = af(a) - \int_0^a (a-x)f'(a-x)dx \xleftrightarrow{\text{조건식}}$$

$$= af(a) - \int_0^a (a-x)f'(x)dx = af(0) + \int_0^a xf'(x)dx$$

$$= af(0) + af(a) - \int_0^a f(x)dx$$

$$\therefore \int_0^a f(x)dx = \frac{a}{2}(f(0)+f(a))$$

[문제130] $f'(a-x)=f'(x)$일 때, 정적분 $\displaystyle\int_0^a f(x)dx = af\left(\dfrac{a}{2}\right)$을 증명하여라.

증명 조건식에서

$$\int_{\frac{a}{2}}^{t} f'(x)dx = \int_{\frac{a}{2}}^{t} f'(a-x)dx \xleftrightarrow{a-x=y} = -\int_{\frac{a}{2}}^{a-t} f'(y)dy$$

$$= \int_{a-t}^{\frac{a}{2}} f'(x)dx$$

$$\Rightarrow f(t)-f\left(\frac{a}{2}\right) = f\left(\frac{a}{2}\right)-f(a-t) \Rightarrow f(x)+f(a-x)=2f\left(\frac{a}{2}\right)$$

$$\Rightarrow 2\int_0^a f\left(\frac{a}{2}\right)dx = \int_0^a f(x)dx + \int_0^a f(a-x)dx \xleftrightarrow{[문제]129,(1)]}$$

$$= 2\int_0^a f(x)dx$$

$$\therefore \int_0^a f(x)dx = af\left(\frac{a}{2}\right)$$

[문제131] $f(x)^2 = \displaystyle\int_0^x \dfrac{f(t)\cos t}{1+\sin t}\,dt$일 때, 미분 가능한 함수 $f(x)$을 구하여라.

풀이

조건식을 미분하면, $\cdot 2f(x)f'(x) = f(x)\left(\dfrac{\cos x}{2+\sin x}\right)$

$\Rightarrow f'(x) = \dfrac{\cos x}{2(2+\sin x)}$

$\xrightarrow{\text{적분}} f(x) = \dfrac{1}{2}\ln(2+\sin x) + c \xrightarrow[\ f(0)=0\ ]{\text{조건식 } x=0} c = -\dfrac{\ln 2}{2}$

$\therefore f(x) = \ln\sqrt{\dfrac{2+\sin x}{2}}$

[문제132] $xy' = y\ln(xy)$, $f(1) = 1$일 때, 함수 $y = f(x)$을 구하여라.

👉 풀이

$u = \ln(xy)$라고 하자. $\dfrac{du}{dx} = \dfrac{xy' + y}{xy} \Rightarrow xy\left(\dfrac{du}{dx}\right) - y = xy' \xleftarrow{\text{조건식}}$

$= y\ln(xy) = uy$

$\xrightarrow{y을 나누면} u = x\dfrac{du}{dx} - 1 \Rightarrow \dfrac{du}{u+1} = \dfrac{dx}{x} \xrightarrow{\text{적분}} ax = u + 1$

$\xrightarrow{x=1,\, u=0} a = 1$

$\ln(xy) = x - 1 \Rightarrow \therefore f(x) = \dfrac{e^{x-1}}{x}$

[문제133] $f'(x) = \dfrac{2y^4 - 2x^2 y}{2x^3 + 3xy^3}$, $f(1) = 1$일 때, 그래프 $y = f(x)$식을 구하여라.

풀이

$2x^2 y\,dx + 2x^3 dy = 2y^4 dx - 3xy^3 dy$ 에 xy을 곱하면 다음과 같다.

$\Rightarrow x^2\left(2xy^2\,dx + 2x^2 y\,dy\right) = y^2\left(2xy^3\,dx - 3x^2 y^2\,dy\right)$

$\Rightarrow x^2\,d\left(x^2 y^2\right) = y^2\left(2xy^3\,dx - 3x^2 y^2\,dy\right)$

$\xrightarrow{\underline{x^4 y^2 \text{ 나누면}}} \quad \dfrac{d\left(x^2 y^2\right)}{x^2 y^2} = \dfrac{2xy^3 dx - 3x^2 y^2 dy}{x^4} = -d\left(\dfrac{y^3}{x^2}\right) \xrightarrow{\underline{\text{적분}}}$

$\ln\left(x^2 y^2\right) = -\dfrac{y^3}{x^2} + c \xrightarrow[\ y = 1\ ]{\ x = 1\ }$

$\Rightarrow c = 1. \quad \therefore\ 2x^2 \ln\left(xy\right) + y^3 = x^2$

[문제134] $f'(x) = \dfrac{x(y+1)}{(x^2+1)(y^2+1)}$, $f(0) = 0$일 때, 그래프 $y = f(x)$

식을 구하여라.

👈 풀이

$$\frac{x}{x^2+1}\,dx = \frac{y^2+1}{y+1}\,dy \xrightarrow{\text{적분}} \frac{1}{2}\ln(x^2+1) = 2\ln(y+1) + \frac{y^2-2y}{2} + c$$

$$\xrightarrow[y=0]{x=0} c = 0$$

$$\therefore \ln(x^2+1) = 4\ln(y+1) + (y^2-2y)$$

[문제135] $x^2 f'(x) - xy = 1 + \cos\left(\dfrac{y}{x}\right)$, $f(1) = 0$일 때, 그래프 $y = f(x)$식을 구하라.

👉 **풀이**

조건식에 x^2으로 나누면, $\dfrac{dy}{dx} - \dfrac{y}{x} = \dfrac{1}{x^2}\left(1 + \cos\left(\dfrac{y}{x}\right)\right)$ $\xrightarrow[\dfrac{dy}{dx} = u + x\dfrac{du}{dx}]{u = \dfrac{y}{x}}$

$\Rightarrow x^3 \dfrac{du}{dx} = 1 + \cos u \Rightarrow \dfrac{du}{1 + \cos u} = \dfrac{dx}{x^3} \xrightarrow{\text{적분}}$

$\tan\left(\dfrac{u}{2}\right) = -\dfrac{1}{2x^2} + c \xrightarrow[u = 0]{x = 1} c = \dfrac{1}{2}$

$\therefore \tan\left(\dfrac{y}{2x}\right) = \dfrac{1}{2}\left(1 - \dfrac{1}{x^2}\right)$

[문제136] $f(x) = \displaystyle\sum_{n=1}^{\infty} (2n)x^{2n-1}$, $(0 < x < 1)$일 때, 적분 $\displaystyle\int f(x)dx$ 을 구하여라.

 풀이

$s(x) = c + \dfrac{1}{1-x^2} = c + \displaystyle\sum_{i=0}^{\infty} x^{2i}$ 이라 하자. 미분하면,

$s'(x) = \displaystyle\sum_{i=1}^{\infty} (2i)x^{2i-1}$

$\xrightarrow{\text{조건식}} f(x) = s'(x) \xrightarrow{\text{적분}} \therefore \displaystyle\int f(x)dx = \dfrac{1}{1-x^2} + c$

[문제137] $f(x+y) = f(x) + f(y), f'(0) = 3$일 때, $f'(5)$을 구하여라.

 풀이

$$3 = f'(0) = \lim_{h \to 0} \frac{f(0+h) - f(0)}{h} \xleftrightarrow{\text{조건식}} = \lim_{h \to 0} \frac{f(h)}{h} \cdots\cdots (1)$$

$$\therefore f'(5) = \lim_{h \to 0} \frac{f(5+h) - f(5)}{h} \xleftarrow{\text{조건식}} = \lim_{h \to 0} \frac{f(h)}{h} \xleftrightarrow{(1)} = 3$$

[문제138] $xf'(x) = y\ln\left(\dfrac{y}{x}\right)$, $f(1) = 1$일 때, 함수 $y = f(x)$을 구하여라.

👉 풀이

$u = \dfrac{y}{x}$ 라고 하자. $\dfrac{dy}{dx} = u + x\dfrac{du}{dx} \xrightarrow{\text{조건식}} u + x\dfrac{du}{dx} = u\ln u$

$\Rightarrow \dfrac{du}{u(\ln u - 1)} = \dfrac{dx}{x}$

$\Rightarrow \displaystyle\int \dfrac{dx}{x} = \int \dfrac{du}{u(\ln u - 1)} = \int \dfrac{d(\ln u - 1)}{\ln u - 1} \Rightarrow \ln cx = \ln(\ln u - 1)$

$\Rightarrow cx = \ln u - 1 \xrightarrow[u=1]{x=1} c = -1$

$\Rightarrow \ln\left(\dfrac{y}{x}\right) = 1 - x \Rightarrow \therefore y = f(x) = xe^{1-x}$

[문제139] 정적분 $\displaystyle\int_{-4}^{-5} e^{(x+5)^2}\,dx + 3\int_{\frac{1}{3}}^{\frac{2}{3}} e^{9\left(x-\frac{2}{3}\right)^2}\,dx$ 값을 구하여라.

👉 **풀이**

$$\int_a^b f(x)\,dx \xleftarrow{\begin{array}{c} a+(b-a)t=x \\ dx=(b-a)dt \end{array}} = \int_0^1 (b-a)\,f(a+(b-a)t)\,dt$$

$$= \int_0^1 (b-a)f(a+(b-a)x)\,dx \quad\cdots\cdots (1)$$

$$\therefore \quad \int_{-4}^{-5} e^{(x+5)^2}\,dx + 3\int_{\frac{1}{3}}^{\frac{2}{3}} e^{9\left(x-\frac{2}{3}\right)^2}\,dx$$

$$\xleftarrow{(1)} = -\int_0^1 e^{(x-1)^2}\,dx + \int_0^1 e^{(x-1)^2}\,dx = 0$$

[문제140] $xf'(x) = f(x) - \cos\left(\dfrac{1}{x}\right)$, $f\left(\dfrac{2}{\pi}\right) = 0$일 때, 함수 $f(x)$을 구하여라.

$$x\frac{dy}{dx} - y = -\cos\left(\frac{1}{x}\right) \Rightarrow \frac{xdy - ydx}{x^2} = -\frac{1}{x^2}\cos\left(\frac{1}{x}\right)dx$$

$$\Rightarrow \frac{d}{dx}\left(\frac{y}{x}\right) = \frac{d}{dx}\left(\sin\frac{1}{x}\right)$$

$$\Rightarrow \frac{y}{x} = \sin\left(\frac{1}{x}\right) + c \xrightarrow[y=0]{x=\frac{2}{\pi}} c = -1 \Rightarrow \therefore y = f(x) = x\left(\sin\left(\frac{1}{x}\right) - 1\right)$$

[문제141] $f'(x) = \dfrac{e^{\sin x}}{x}$, $(x > 0)$, $3\displaystyle\int_1^4 \dfrac{e^{\sin x^3}}{x}dx = f(k) - f(1)$

일 때, 상수 k을 구하여라.

풀이

$$f(k) - f(1) = \int_1^4 \frac{3x^2 e^{\sin x^3}}{x^3}dx \xleftrightarrow{x^3 = t} = \int_1^{64} \frac{e^{\sin t}}{t}dt = \int_1^{64} f'(x)dx$$
$$= f(64) - f(1) \quad \therefore\ k = 64$$

[문제142] $x(y'+1) = -\tan(x+y)$, $f\left(\dfrac{\pi}{6}\right) = \dfrac{\pi}{3}$ 일 때, 그래프 $y = f(x)$

식을 구하여라.

👈 **풀이**

$$0 = \sin(x+y) + x\cos(x+y)\left(1 + \frac{dy}{dx}\right) = \frac{d}{dx}(x\sin(x+y))$$

$$\Rightarrow c = x\sin(x+y) \xrightarrow{\quad x = \dfrac{\pi}{6} \quad} c = \frac{\pi}{6}$$

$$\therefore\ x\sin(x+y) = \frac{\pi}{6}$$

[문제143] $(1+xy)y+(1-xy)xy'=0, f'(1)=1$일 때, 그래프
$y=f(x)$식을 구하라.

👉 풀이

$$y\,dx + x\,dy = x^2 y\,dy - xy^2\,dx \implies d(xy) = xy(x\,dy - y\,dx) \xrightarrow{\;(xy)^2 \text{나누면}\;}$$

$$\implies \frac{d(xy)}{(xy)^2} = \frac{x\,dy - y\,dx}{xy} = \frac{dy}{y} - \frac{dx}{x} \xrightarrow{\text{적분}} -\frac{1}{xy} = \ln\left(\frac{y}{x}\right) + c$$

$$\xrightarrow{x=1} c = -1$$

$$\therefore \frac{1}{xy} + \ln\left(\frac{y}{x}\right) = 1$$

[문제144] $ye^{\frac{x}{y}} = \left(xe^{\frac{x}{y}} + y^2\right)y'$, $f(0) = 1$일 때, 그래프 $y = f(x)$식을 구하여라.

풀이

$$dy = e^{\frac{x}{y}}\left(\frac{ydx - xdy}{y^2}\right) = e^{\frac{x}{y}}\,d\left(\frac{x}{y}\right) \xrightarrow{\text{적분}} y + c = e^{\frac{x}{y}} \xrightarrow{\ x = 0\ } c = 0$$

$$\therefore y = e^{\frac{x}{y}}$$

[문제145] $xy' = \sqrt{1-(xy)^2} - y$, $f(0) = 0$일 때, 그래프 $y = f(x)$식을 구하여라.

 풀이

$$\int \frac{dx}{\sqrt{1-x^2}} \xleftrightarrow{\ x = \sin\theta\ } = \int d\theta = \theta + c, \ (x = \sin\theta) \ \cdots\cdots (1)$$

조건식에서

$$dx = \frac{xdy + ydx}{\sqrt{1-(xy)^2}} = \frac{d(xy)}{\sqrt{1-(xy)^2}} \xrightarrow[\ (1)\ ]{\text{적분}} x + c = \theta, \ (\sin\theta = xy)$$

양변에 $\sin$

$$\Rightarrow \sin(x+c) = \sin\theta = xy \xrightarrow{\ x = 0\ } c = 0. \quad \therefore \ xy = \sin x$$

[문제146] $y' = \dfrac{y(x\ln y - y)}{x(y\ln x - x)}$, $f(1) = 2$일 때, 그래프 $y = f(x)$식을 구하여라.

 풀이

조건식에서

$$x^2\,dy - y^2\,dx = xy(\ln x\,dy - \ln y\,dx) \Rightarrow \frac{x^2\,dy - y^2\,dx}{xy} = \ln x\,dy - \ln y\,dx$$

$$\Rightarrow \frac{x}{y}\,dy + \ln y\,dx = \frac{y}{x}\,dx + \ln x\,dy \Rightarrow d(x\ln y) = d(y\ln x)\xrightarrow{\text{적분}}$$

$$x\ln y = y\ln x + c \xrightarrow{\ x = 1\ } c = \ln 2$$

$$\therefore x\ln y = y\ln x + \ln 2$$

[문제147] $y' = \dfrac{2(y\sin(2x) - x)}{3y^2 + \cos(2x)}$, $f(0) = 0$일 때, 그래프 $y = f(x)$식을 구하여라.

![빈 상자]

👈 **풀이**

$2x\,dx + 3y^2\,dy = 2y\sin(2x)dx - \cos(2x)dy$

$\Rightarrow d(x^2) + d(y^3) = -d(y\cos(2x)) \xrightarrow{\text{적분}}$

$\rightarrow x^2 + y^3 + y\cos(2x) = c \xrightarrow{x = 0} c = 0$, $\therefore x^2 + y^3 + y\cos(2x) = 0$

[문제148] $y' = \dfrac{y}{10y^3 - 2x}$, $f(1) = 1$일 때, 그래프 $y = f(x)$식을 구하여라.

👉 풀이

조건식에서 $2x\,dy + y\,dx = 10y^3\,dy \xrightarrow{\;y\text{을 곱}\;} 2xy\,dy + y^2\,dx = 10y^4\,dy$

$\Rightarrow 10y^4\,dy = d(xy^2) \xrightarrow{\;\text{적분}\;} 2y^5 + c = xy^2 \xrightarrow{\;x=1\;} c = -1$

$\therefore xy^2 = 2y^5 - 1$

[문제149] $y' = \dfrac{3xy^4 + 2y}{x - 2x^2 y^3}$, $f(1) = 1$일 때, 그래프 $y = f(x)$식을 구하여라.

👉 **풀이**

조건식에서 $3xy^4\,dx + 2x^2 y^3\,dy = xdy - 2ydx \xrightarrow{\;x/y^2 \text{을 곱}\;}$

$\Rightarrow 3x^2 y^2\,dx + 2x^3 y\,dy = \dfrac{x^2 dy - 2xy dx}{y^2} \Rightarrow d(x^3 y^2) = -d\left(\dfrac{x^2}{y}\right)$

$\xrightarrow{\;\text{적분}\;} x^3 y^2 = -\dfrac{x^2}{y} + c \xrightarrow{\;x=1\;}$

$\Rightarrow c = 2$. $\therefore x^2 + x^3 y^3 - 2y = 0$

[문제150] $(x+y)(1-y') = 1+y'$, $f(1) = 0$일 때, 그래프 $y = f(x)$ 식을 구하여라.

 풀이

조건식에서 $(x+y)(dx-dy) = dx+dy \Rightarrow (x+y)d(x-y) = d(x+y)$

$\Rightarrow d(x-y) = \dfrac{d(x+y)}{x+y} \xrightarrow{\text{적분}} x-y+c = \ln(x+y) \xrightarrow{x=1} c=-1$

$\therefore x-y-1 = \ln(x+y)$

[문제151] $3xy' + 6y = xyy'$, $f(1) = 1$일 때, 그래프 $y = f(x)$식을 구하여라.

👉 **풀이**

조건식에서 $\dfrac{dx}{dy} = \dfrac{xy - 3x}{6y} = \dfrac{x}{6} - \dfrac{x}{2y}$ $\xrightarrow[\dfrac{dx}{dy} = u + y\dfrac{du}{dy}]{\dfrac{x}{y} = u}$

$u + y\dfrac{du}{dy} = \dfrac{yu}{6} - \dfrac{u}{2}$

$\Rightarrow \dfrac{du}{dy} = \dfrac{u}{2}\left(\dfrac{1}{3} - \dfrac{3}{y}\right) \Rightarrow \dfrac{2}{u}du = \left(\dfrac{1}{3} - \dfrac{3}{y}\right)dy$

$\xrightarrow{\text{적분}} \ln u^2 + c = \dfrac{y}{3} - \ln y^3 \xrightarrow{y = 1} c = \dfrac{1}{3}$

$\therefore 2\ln\left(\dfrac{x}{y}\right) + \dfrac{1}{3} = \dfrac{y}{3} - 3\ln y \Rightarrow \ln(x^2 y) + \dfrac{1}{3} = \dfrac{y}{3}$

[문제152] $f(x) = x^2 + \displaystyle\int_0^x e^{-t} f(x-t)\,dt$ 일 때, 함수 $f(x)$을 구하여라.

 풀이

조건식에서 $f(0) = 0$이다. [문제129,(1)]에서 다음 식으로 유도된다.

$$f(x) = x^2 + \int_0^x e^{t-x} f(t)\,dt = x^2 + e^{-x} \int_0^x e^t f(t)\,dt \xrightarrow{\text{미분}}$$

$$\Rightarrow f'(x) = 2x + f(x) - e^{-x} \int_0^x e^t f(t)\,dt.$$ 두 식을 더하면, 다음처럼 된다.

$$\Rightarrow f'(x) = x^2 + 2x \Rightarrow \therefore f(x) = \frac{x^3}{3} + x^2$$

[문제153] $f(x) = \displaystyle\int_0^x \dfrac{dt}{\sqrt{1+t^3}}$, $g(x)$는 $f(x)$의 역함수일 때,

$\dfrac{g''(x)}{g(x)^2}$ 을 구하라.

👉 풀이

$f'(x) = \dfrac{1}{\sqrt{1+x^3}}$ $\cdots\cdots (1)$

$x = f(g(x)) \xrightarrow{\text{미분}} 1 = f'(g(x))g'(x) \xleftrightarrow{(1)}$

$= \dfrac{g'(x)}{\sqrt{1+g(x)^3}} \Rightarrow g'(x) = \sqrt{1+g(x)^3} \Rightarrow g''(x) = \dfrac{3g(x)^2 g'(x)}{2\sqrt{1+g(x)^3}}$

$\therefore \dfrac{g''(x)}{g(x)^2} = \dfrac{3g'(x)}{2\sqrt{1+g(x)^3}} \xleftrightarrow{\text{앞 식}} = \dfrac{3}{2}$

[문제154] $y' + \dfrac{\tan y}{x} = \dfrac{\tan y \sin y}{x^2}$, $f\left(\dfrac{1}{4}\right) = \dfrac{\pi}{2}$ 일 때, 그래프 $y = f(x)$

식을 구하라.

풀이

조건식에서 $\dfrac{dy}{dx}\cos y + \dfrac{\sin y}{x} = \left(\dfrac{\sin y}{x}\right)^2 \xrightarrow{xu = \sin y} 2u + x\dfrac{du}{dx} = u^2$

$\Rightarrow \dfrac{du}{u(u-2)} = \dfrac{dx}{x} \xrightarrow{\text{적분}} -\dfrac{1}{2}\ln\left(\dfrac{u}{u-2}\right) = \ln(cx)$

$\Rightarrow \dfrac{u-2}{u} = (cx)^2 \xrightarrow[\substack{u = 4}]{x = \frac{1}{4}} c^2 = 8$

$\therefore 8x^2 = 1 - \dfrac{2x}{\sin y}$

[문제155] $y' = \dfrac{x^2+y^2+1}{2xy}$, $f(1) = 1$일 때, 그래프 $y = f(x)$식을 구하여라.

 풀이

조건식에서 $2xy\,dy - y^2\,dx = (x^2+1)\,dx \xrightarrow{\; y^4 \, \text{나누면} \;}$

$$\frac{2xy\,dy - y^2\,dx}{y^4} = \frac{x^2+1}{y^4}\,dx$$

$$\Rightarrow -\frac{y^2\,dx - 2xy\,dy}{y^4} = \left(\frac{x}{y^2}\right)^2\left(1 + \frac{1}{x^2}\right)dx$$

$$\Rightarrow \left(\frac{-x}{y^2}\right)^{-2}d\left(-\frac{x}{y^2}\right) = (1 + x^{-2})dx \xrightarrow{\; \text{적분} \;}$$

$$\Rightarrow \frac{y^2}{x} = x - \frac{1}{x} + c \xrightarrow{\; x=1 \;} c = 1 . \quad \therefore \; y^2 = x^2 + x - 1$$

[문제156] $(xy' + y)\sin(xy) + (x^2yy' + xy^2)\cos(xy) = 0$, $f\left(\dfrac{\pi}{2}\right) = 1$일

때, 그래프 $y = f(x)$식을 구하여라.

 풀이

조건식에서 $xy = u$로 치환하면, 다음과 같다.

$$(\sin u + u\cos u)\,du = 0 \xrightarrow{\text{적분}} -\cos u + u\sin u + \cos u = c$$

$$\xrightarrow{x = \dfrac{\pi}{2}} c = \dfrac{\pi}{2}$$

$$\therefore (xy)\sin(xy) = \dfrac{\pi}{2}$$

[문제157] $y' \sin y = \cos x \left(2\cos y - \sin^2 x \right)$, $f(0) = 0$일 때, 그래프 $y = f(x)$식을 구하여라.

👉 풀이

$$I = \int \sin^2 x \, e^{2\sin x} \, d(\sin x) \xleftarrow{u = \sin x} = \int u^2 e^{2u} \, du \xleftarrow{\text{부분적분}}$$

$$= e^{2u} \left(\frac{2u^2 - 2u + 1}{4} \right)$$

$$= e^{2\sin x} \left(\frac{2\sin^2 x - 2\sin x + 1}{4} \right) + c \quad \cdots\cdots (1)$$

조건식에서 $2\cos x \cos y \, dx - \sin y \, dy = \sin^2 x \cos x \, dx \xrightarrow{e^{2\sin x} \text{ 곱}}$

$$\Rightarrow \sin^2 x \, e^{2\sin x} \, d(\sin x) = \cos y \, d\left(e^{2\sin x} \right) + e^{2\sin x} \, d(\cos y)$$

$$= d\left(e^{2\sin x} \cos y \right) \xrightarrow{\text{적분, } (1)}$$

$$\Rightarrow e^{2\sin x} \left(\frac{2\sin^2 x - 2\sin x + 1}{4} \right) + c = e^{2\sin x} \cos y \xrightarrow{x = 0} c = \frac{3}{4}$$

$$\therefore 4\cos y = 2\sin^2 x - 2\sin x + 1 + 3e^{-2\sin x}$$

[문제158] $y' = \dfrac{1 + x\sqrt{x^2+y^2}}{y\left(1 - \sqrt{x^2+y^2}\right)}$, $f(0) = 1$일 때, 그래프 $y = f(x)$식

을 구하여라.

풀이

$$\frac{d}{dx}\left(\frac{1}{3}\sqrt{(x^2+y^2)^3}\right) = (x+yy')\sqrt{x^2+y^2} \quad \cdots\cdots (1)$$

조건식에서

$$0 = 1 + \sqrt{x^2+y^2}\,(x+yy') - yy' \xrightarrow[\;(1)\;]{\text{적분}} c = x + \frac{\sqrt{(x^2+y^2)^3}}{3} - \frac{y^2}{2}$$

$$\xrightarrow{\;x=0\;}$$

$$\Rightarrow c = -\frac{1}{6} \; . \quad \therefore \; x + \frac{\sqrt{(x^2+y^2)^3}}{3} - \frac{y^2}{2} + \frac{1}{6} = 0$$

[문제159] $y' = \dfrac{2x^3 + 3xy^2 - 7x}{8y - 3x^2y - 2y^3}$, $f(0) = 0$일 때, 그래프 $y = f(x)$식

을 구하여라.

 풀이

조건식을 다음 식처럼 변형할 수 있다.

$$0 = 2x^3 - 7x + \frac{3}{2}\left(2xy^2 + 2x^2yy'\right) + \left(2y^3 - 8y\right)y'$$

$$= 2x^3 - 7x + \frac{3}{2}\frac{d\left(x^2y^2\right)}{dx} + \left(2y^3 - 8y\right)y' \xrightarrow{\text{적분}}$$

$$c = \frac{1}{2}x^4 - \frac{7}{2}x^2 + \frac{3}{2}\left(x^2y^2\right) + \frac{1}{2}\left(y^4 - 8y^2\right) \xrightarrow{x=0} c = 0.$$

$$\therefore x^4 - 7x^2 + 3x^2y^2 + y^4 - 8y^2 = 0.$$

[문제160] $f\left(\dfrac{x-1}{x+1}\right)+f\left(\dfrac{1}{x}\right)+f\left(\dfrac{1+x}{1-x}\right)=x$ 일 때, 함수 $f(x)$을 구하여라.

풀이

조건식에서 $\frac{x-1}{x+1}=y$로 변환하면, $f(y)+f\left(\frac{1-y}{y+1}\right)+f\left(\frac{-1}{y}\right)=\frac{1+y}{1-y}$

$$\xrightarrow{y=-x\text{ 변환}} f(-x)+f\left(\frac{1+x}{1-x}\right)+f\left(\frac{1}{x}\right)=\frac{1-x}{1+x} \quad \cdots\cdots\cdots (1)$$

조건식에서 $\frac{1+x}{1-x}=y$로 변환하면,

$$f\left(\frac{-1}{y}\right)+f\left(\frac{1+y}{y-1}\right)+f(y)=\frac{y-1}{y+1} \xrightarrow{y=-x\text{변환}}$$

$$f\left(\frac{1}{x}\right)+f\left(\frac{x-1}{x+1}\right)+f(-x)=\frac{x+1}{x-1} \quad \cdots\cdots\cdots (2) \xrightarrow{(1)-(\text{조건식})}$$

$$f(-x)-(-x)=f\left(\frac{x-1}{x+1}\right)-\left(\frac{x-1}{x+1}\right) \quad \cdots\cdots\cdots (3) \xrightarrow{(2)-(1)}$$

$$f\left(\frac{x-1}{x+1}\right)-\frac{x-1}{x+1}=f\left(\frac{1+x}{1-x}\right)-\frac{1+x}{1-x}$$

$$\Rightarrow f(-x)-(-x)=f\left(\frac{1+x}{1-x}\right)-\frac{1+x}{1-x} \xrightarrow{-x=\frac{1}{x}\text{변환}}$$

$$f\left(\frac{1}{x}\right)-\frac{1}{x}=f\left(\frac{x-1}{x+1}\right)-\frac{x-1}{x+1} \quad \cdots\cdots (4) \xrightarrow{(3)\text{에서 } -x=\frac{1}{x}\text{ 변환}}$$

$$f\left(\frac{1}{x}\right)-\frac{1}{x}=f\left(\frac{1+x}{1-x}\right)-\frac{1+x}{1-x} \quad \cdots\cdots (5) \xrightarrow{\text{조건식에 } -\frac{1}{x}\text{ 더하면}}$$

$$f\left(\frac{1}{x}\right)-\frac{1}{x}=x-\frac{1}{x}-f\left(\frac{x-1}{x+1}\right)-f\left(\frac{1+x}{1-x}\right) \cdots\cdots (6) \xrightarrow{(4)+(5)+(6)}$$

$$f\left(\frac{1}{x}\right)=\frac{x^4+5x^2-2}{3x(x^2-1)} \xrightarrow{\frac{1}{x}=x\text{ 변환}} \therefore f(x)=\frac{2x^4-5x^2-1}{3x(x^2-1)}$$

[문제161] $y' = \dfrac{y+4xy-y^2-4x}{2x^2-x}$, $f(1)=3$일 때, 그래프 $y=f(x)$식을 구하여라.

 풀이

조건식에서 $y=1+u$치환하면, $\dfrac{du}{dx}=\dfrac{4xu-u-u^2}{2x^2-x}$ $\xrightarrow{\ u=\frac{1}{v}\ }$

$\dfrac{dv}{dx}=\dfrac{v-4xv+1}{2x^2-x}$ $\Rightarrow dx=\left(2x^2-x\right)dv+(4x-1)v\,dx=d\!\left(v\left(2x^2-x\right)\right)$

$\xrightarrow{\ \text{적분}\ }$

$\Rightarrow x+c=v\left(2x^2-x\right)$ $\xrightarrow{\ x=1\ }$ $c=\dfrac{1}{2}$. $\therefore y=1+\dfrac{4x^2-2x}{2x+1}$

[문제162] $y' = \dfrac{y}{x} + e^{-\frac{y}{x}}\left(\dfrac{(x+y)^2}{xy}\right)$, $f(1)=0$일 때, 그래프

$y=f(x)$식을 구하라.

 풀이

조건식에서 $y=ux$ 치환하면,

$$x\frac{du}{dx} = \frac{(u+1)^2}{u}e^{-u} \Rightarrow \frac{dx}{x} = \frac{u}{(1+u)^2}e^u\,du.$$

$$\int \frac{u}{(1+u)^2}e^u\,du = \int \frac{e^u}{1+u} - \frac{e^u}{(1+u)^2}\,du = \int (e^u)'\frac{1}{1+u} + e^u\left(\frac{1}{1+u}\right)'\,du$$

$$= \int \left(e^u \frac{1}{1+u}\right)'\,du = \frac{e^u}{1+u} + c.$$ 앞 식에 대입하면,

$$\ln(cx) = \frac{e^u}{1+u} \xrightarrow{\ x=1\ } c=e$$

$$\therefore e^{\frac{y}{x}}\left(\frac{x}{x+y}\right) = 1 + \ln x$$

[문제163] $y' = \dfrac{x^2 y}{x^3 + y^3}$, $f(0) = 1$일 때, 그래프 $y = f(x)$식을 구하여라.

$$\frac{dy}{dx} = \frac{\dfrac{y}{x}}{1 + \left(\dfrac{y}{x}\right)^3} \xrightarrow{\dfrac{y}{x} = u} u + x\frac{du}{dx} = \frac{u}{1 + u^3} \longrightarrow x\frac{du}{dx} = \frac{-u^4}{1 + u^3}$$

$$\Rightarrow \frac{1 + u^3}{u^4}\, du = -\frac{dx}{x}$$

$$\xrightarrow{\text{적분}} xu = ce^{\frac{1}{3u^3}} \xrightarrow{x = 0} c = 1. \quad \therefore\; y^{3y^3} = e^{x^3}$$

[문제164] $y'\left(\dfrac{x^2}{y}+3y^2\right)=-2x\ln y$, $f(1)=1$일 때, 그래프 $y=f(x)$ 식을 구하여라.

풀이

조건식에서

$$-3y^2\,dy=(2x\ln y)\,dx+\dfrac{x^2}{y}\,dy=\ln y\,d(x^2)+x^2\,d(\ln y)=d(x^2\ln y)$$

$$\xrightarrow{\text{적분}} c=y^3+x^2\ln y \xrightarrow{\ x=1\ } c=1. \quad \therefore\ x^2\ln y+y^3=1$$

[문제 165] ~ [문제 200]

INFINITE
MATHEMATICS

정 적 분 6

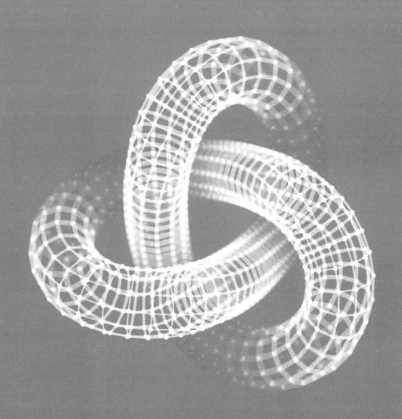

[문제165] $f\left(\dfrac{x}{y}\right) = \dfrac{f(x)}{f(y)}$, $f'(1) = 2$일 때, 함수 $f(x)$을 구하여라.

 풀이

① $x = y = 1 \xrightarrow{\text{조건식}} f(1) = 1.$ ② $x = 1 \xrightarrow{\text{조건식}} f\left(\dfrac{1}{y}\right) = \dfrac{1}{f(y)}$

$$f(xy) = f\left(x\dfrac{1}{y^{-1}}\right) = \dfrac{f(x)}{f(y^{-1})} = f(x)f(y) \quad \cdots\cdots\cdots (1)$$

한편,

$$2\dfrac{f(x)}{x} \xleftarrow{\text{조건식}} = \dfrac{f(x)}{x}\left(\lim_{\epsilon \to 0}\dfrac{f(1+\epsilon)-f(1)}{\epsilon}\right) \xleftarrow{(1)} = \lim_{\epsilon \to 0}\dfrac{f(x+\epsilon x)-f(x)}{\epsilon x}$$

$$= f'(x)$$

$$\Rightarrow \dfrac{2}{x}\,dx = \dfrac{df(x)}{f(x)} \xrightarrow{\text{적분}} \ln(cx^2) = \ln(f(x)) \Rightarrow f(x) = cx^2$$

$$\xrightarrow{x=1} c = 1. \quad \therefore f(x) = x^2$$

[문제166] 정적분 $\displaystyle\int_0^\infty \frac{x^3}{(1+x)^5}\,dx$ 값을 구하여라.

👉 **풀이**

$$\int_0^b \frac{x^{m-1}}{(1+x)^{m+n}}\,dx \xleftrightarrow{x=\dfrac{t}{1-t}} = \int_0^{\frac{b}{1+b}} t^{m-1}(1-t)^{n-1}\,dt$$

.... (1)

$$\therefore \text{준 식} = \int_0^\infty \frac{x^{4-1}}{(1+x)^{4+1}}\,dx \xleftrightarrow{(1)} \int_0^1 t^3(1-t)^0\,dt = \frac{1}{4}$$

[문제167] 정적분 $\displaystyle\int_0^{\frac{\pi}{2}} \frac{\sin^p x}{\sin^p x + \cos^p x}\, dx$ 값을 구하여라.

👉 풀이

$$I = \int_0^{\frac{\pi}{2}} \frac{\sin^p x}{\sin^p x + \cos^p x}\, dx \xleftarrow{\quad[\text{문제}129,(1)]\quad} = \int_0^{\frac{\pi}{2}} \frac{\cos^p x}{\cos^p x + \sin^p x}\, dx$$

식을 더하면

$$\Rightarrow 2I = \int_0^{\frac{\pi}{2}} 1\, dx = \frac{\pi}{2} \quad \therefore I = \frac{\pi}{4}$$

[문제168] 정적분 $\displaystyle\int_0^\pi \frac{x\sin x}{1+\cos^2 x}\,dx$ 값을 구하여라.

 풀이

$$\int \frac{dx}{1+x^2} \xleftrightarrow{\ x=\tan\theta\ } = \theta + c,\ (x=\tan\theta) \ \cdots\cdots\cdots (1)$$

$$I = \int_0^\pi \frac{x\sin x}{1+\cos^2 x}\,dx \xleftrightarrow{\ [\text{문제}129,(1)]\ } = \pi\int_0^\pi \frac{\sin x\,dx}{1+\cos^2 x} - I$$

$$\Rightarrow 2I = -\pi\int_0^\pi \frac{d(\cos x)}{1+\cos^2 x} = \pi\int_{-1}^1 \frac{dt}{1+t^2} = 2\pi\int_0^1 \frac{dt}{1+t^2}$$

$$\xleftrightarrow{(1)} = 2\pi\left[\theta\right]_{0=\tan\theta}^{1=\tan\theta} = 2\pi\left(\frac{\pi}{4}\right) = \frac{\pi^2}{2}$$

$$\therefore I = \frac{\pi^2}{4}$$

[문제169] 정적분 $\displaystyle\int_0^1 \dfrac{x-1}{\ln x}\, dx$ 값을 구하여라.

 풀이

$$f(\alpha) = \int_0^1 \frac{x^\alpha - 1}{\ln x}\, dx,\ (\alpha > 0) \Rightarrow f'(\alpha) = \int_0^1 \frac{x^\alpha \ln x}{\ln x}\, dx = \frac{1}{\alpha + 1},$$

$$f(0) = 0$$

$$\Rightarrow f(\alpha) = \ln(\alpha + 1).\ \ \therefore \int_0^1 \frac{x-1}{\ln x}\, dx = f(1) = \ln 2$$

[문제170] 정적분 $\displaystyle\int_0^1 x^p (\ln x)^n \, dx, \, (n \in N)$ 값을 구하여라.

 풀이

$f(p) = \displaystyle\int_0^1 x^p \, dx = \dfrac{1}{p+1}$ 하자. $\qquad f'(p) = \dfrac{-1}{(p+1)^2} = \displaystyle\int_0^1 \dfrac{d}{dp}(x^p) \, dx$

$= \displaystyle\int_0^1 x^p \ln x \, dx$

$\Rightarrow f''(p) = \dfrac{2}{(p+1)^3} = \displaystyle\int_0^1 x^p (\ln x)^2 \, dx, \, \ldots,$

$\therefore \displaystyle\int_0^1 x^p (\ln x)^n \, dx = \dfrac{(-1)^n \, n!}{(p+1)^{n+1}}$

[문제171] 정적분 $\displaystyle\int_0^{\frac{\pi}{2}} \ln(\sin x)\, dx$ 값을 구하여라.

👉 풀이

$I = \int_0^{\frac{\pi}{2}} \ln(\sin x)\,dx \xleftrightarrow{[문제]129,(1)]} = \int_0^{\frac{\pi}{2}} \ln(\cos x)\,dx$. 식을 더하면,

$\Rightarrow 2I = \int_0^{\frac{\pi}{2}} \ln(\sin x) + \ln(\cos x)\,dx$

$= \int_0^{\frac{\pi}{2}} \ln\left(\frac{\sin 2x}{2}\right)dx = \int_0^{\frac{\pi}{2}} \ln(\sin 2x)\,dx - \frac{\pi}{2}\ln 2 \cdots\cdots (1)$

한편,

$\int_0^{\frac{\pi}{2}} \ln(\sin 2x)\,dx \xleftrightarrow{2x = v} = \frac{1}{2}\int_0^{\pi} \ln(\sin v)\,dv$

$= \frac{1}{2}\left[\int_0^{\frac{\pi}{2}} \ln(\sin v)\,dv + \int_{\frac{\pi}{2}}^{\pi} \ln(\sin v)\,dv\right]$

$\xleftrightarrow{v = \pi - u} = \frac{1}{2}\left[I - \int_{\frac{\pi}{2}}^{0} \ln(\sin u)\,du\right] = \frac{1}{2}(2I) = I$.

$\therefore \int_0^{\frac{\pi}{2}} \ln(\sin x)\,dx = -\frac{\pi}{2}\ln 2,\ (\because (1))$.

[문제172] 정적분 $\displaystyle\int_0^\pi x\ln(\sin x)\,dx$ 값을 구하여라.

 풀이

[문제171]에서 다음 식을 유도할 수 있다.

$$-\frac{\pi}{2}\ln2 = \int_0^{\frac{\pi}{2}}\ln(\sin x)dx \xleftrightarrow{\;x=\pi-y\;} = \int_{\frac{\pi}{2}}^{\pi}\ln(\sin y)\,dy$$

$$\Rightarrow \int_0^\pi \ln(\sin x)\,dx = -\pi\ln2$$

한편, $I = \displaystyle\int_0^\pi x\ln(\sin x)dx$

$$\xleftrightarrow{\;x=\pi-y\;} = \int_0^\pi \pi\ln(\sin y)dy - \int_0^\pi y\ln(\sin y)dy = -\pi^2\ln2 - I$$

$$\Rightarrow 2I = -\pi^2\ln2 \Rightarrow \therefore \int_0^\pi x\ln(\sin x)\,dx = -\frac{\pi^2}{2}\ln2$$

[문제173] 정적분 $\displaystyle\int_{-\pi}^{0}\dfrac{\sin\left(n+\dfrac{1}{2}\right)x}{2\sin\left(\dfrac{x}{2}\right)}\,dx,\,(n\in N)$ 값을 구하여라.

👉 풀이

$$\sin\left(\dfrac{x}{2}\right)\cos(nx)=\dfrac{1}{2}\left[\sin\left(n+\dfrac{1}{2}\right)x-\sin\left(n-\dfrac{1}{2}\right)x\right]\cdots\cdots(1)$$

한편,

$$\sin\left(\dfrac{x}{2}\right)\left[\dfrac{1}{2}+\cos x+\cos(2x)+\cdots+\cos(nx)\right]\overset{(1)}{\Longleftrightarrow}=\dfrac{1}{2}\sin\left(n+\dfrac{1}{2}\right)x$$
$$\cdots\cdots(2)$$

$$\therefore\int_{-\pi}^{0}\dfrac{\sin\left(n+\dfrac{1}{2}\right)x}{2\sin\left(\dfrac{x}{2}\right)}\,dx\overset{(2)}{\Longleftrightarrow}$$
$$=\int_{-\pi}^{0}\dfrac{1}{2}+\cos x+\cos(2x)+\cdots+\cos(nx)\,dx=\dfrac{\pi}{2}$$

[문제174] 정적분 $\displaystyle\int_0^\infty \frac{dx}{\left(1+x^\alpha\right)\left(1+x^2\right)}$ 값을 구하여라.

풀이

$$\int_0^\infty \frac{dx}{\left(1+x^\alpha\right)\left(1+x^2\right)}$$

$$\xLeftrightarrow{x=\tan\theta} = \int_0^{\frac{\pi}{2}} \frac{1}{1+\tan^\alpha\theta}\,d\theta = \int_0^{\frac{\pi}{2}} \frac{\cos^\alpha\theta}{\sin^\alpha\theta + \cos^\alpha\theta}\,d\theta$$

$$\xLeftrightarrow{\text{[문제]167}} = \frac{\pi}{4}$$

[문제175] 정적분 $\displaystyle\int_1^k [x] f'(x)dx$, $(k > 1,\ [x] : Gauss$ 부호$)$ 값을 구하여라.

👉 **풀이**

$$\int_1^k [x] f'(x)dx$$

$$= \int_1^2 [x]f'(x)dx + \int_2^3 [x]f'(x)dx + \cdots + \int_{[k]}^k [x]f'(x)dx$$

$$= \int_1^2 f'(x)dx + \int_2^3 2f'(x)dx + \cdots + \int_{[k]-1}^{[k]} ([k]-1)f'(x)dx$$

$$\quad + \int_{[k]}^k [k]f'(x)dx$$

$$= -(f(1) + f(2) + \cdots + f([k])) + [k]f(k) = [k]f(k) - \sum_{n=1}^{[k]} f(n)$$

[문제176] 정적분 $\displaystyle\int_2^4 \dfrac{\sqrt{\ln(9-x)}}{\sqrt{\ln(9-x)}+\sqrt{\ln(3+x)}}\,dx$ 값을 구하여라.

👉 풀이

$$I=\int_2^4 \dfrac{\sqrt{\ln(9-x)}}{\sqrt{\ln(9-x)}+\sqrt{\ln(3+x)}}\,dx$$

$$\xleftarrow{\text{[문제129,(1)]}} = \int_2^4 \dfrac{\sqrt{\ln(3+x)}}{\sqrt{\ln(3+x)}+\sqrt{\ln(9-x)}}\,dx$$

두 식을 더하면, $2I=\displaystyle\int_2^4 1\,dx=2 \Rightarrow \therefore I=1$

[문제177] 정적분 $\displaystyle\int_0^{2\pi} \dfrac{x\cos x}{1+\sin^2 x}\,dx$ 값을 구하여라.

👉 풀이

$$\int \dfrac{dx}{1+x^2} \xleftrightarrow{\ x=\tan\theta\ } = \theta + c, \ (x=\tan\theta) \ \cdots\cdots (1)$$

$$I = \int_0^{2\pi} \dfrac{x\cos x}{1+\sin^2 x}\,dx \xleftarrow{[문제]129,(1)]} = 2\pi\int_0^{2\pi} \dfrac{\cos x}{1+\sin^2 x}\,dx - I$$

$$\Rightarrow I = \pi\int_0^{2\pi} \dfrac{d(\sin x)}{1+\sin^2 x} \xleftarrow{(1)} = \left[\theta\right]_{\tan\theta=0}^{\tan\theta=0} = 0$$

$$\therefore \int_0^{2\pi} \dfrac{x\cos x}{1+\sin^2 x}\,dx = 0$$

$$\int_{\frac{\pi}{4}}^{\frac{\pi}{3}} \frac{\left(\sin^3 x - \cos^3 x - \cos^2 x\right)\left(\sin x + \cos x + \cos^2 x\right)^n}{\left(\sin x \cos x\right)^{n+2}} \, dx$$ 값을 구하라.

👉 **풀이**

준 식 $= \displaystyle\int_{\frac{\pi}{4}}^{\frac{\pi}{3}} \frac{\left(\sin x + \cos x + \cos^2 x\right)^n}{\sin^n x \cos^n x}\left(\frac{\sin^3 x - \cos^3 x - \cos^2 x}{\sin^2 x \cos^2 x}\right) dx$

$= \displaystyle\int_{\frac{\pi}{4}}^{\frac{\pi}{3}}\left(\frac{1}{\cos x}+\frac{1}{\sin x}+\frac{\cos x}{\sin x}\right)^n\left(\frac{\sin x}{\cos^2 x}-\frac{\cos x}{\sin^2 x}-\frac{1}{\sin^2 x}\right) dx$

$= \displaystyle\int_{\frac{\pi}{4}}^{\frac{\pi}{3}}\left(\frac{1}{\cos x}+\frac{1}{\sin x}+\frac{\cos x}{\sin x}\right)^n d\left(\frac{1}{\cos x}+\frac{1}{\sin x}+\frac{\cos x}{\sin x}\right)$

$= \dfrac{\left(2+\sqrt{3}\right)^{n+1}-\left(1+2\sqrt{2}\right)^{n+1}}{n+1}$

[문제179] 정적분 $\displaystyle\int_0^{\frac{\pi}{12}} \frac{dx}{(\sin x + \cos x)^4}$ 값을 구하여라.

 풀이

$$\int_0^{\frac{\pi}{12}} \frac{dx}{(\sin x + \cos x)^4}$$

$$= \int_0^{\frac{\pi}{12}} \frac{1}{4\cos^4\left(\dfrac{\pi}{4} - x\right)}\,dx \xleftarrow{\;\;\dfrac{\pi}{4} - x = t\;\;} = \frac{1}{4} \int_{\frac{\pi}{6}}^{\frac{\pi}{4}} \sec^4 t\,dt$$

$$= \frac{1}{4} \int_{\frac{\pi}{6}}^{\frac{\pi}{4}} (1 + \tan^2 t)\,d(\tan t) = \frac{1}{4}\left[\tan t + \frac{\tan^3 t}{3}\right]_{\frac{\pi}{6}}^{\frac{\pi}{4}} = \frac{1}{3}\left(1 - \frac{5}{6\sqrt{3}}\right)$$

[문제180] 정적분 $\displaystyle\int_0^{\frac{\pi}{2}} \frac{x^2}{(\cos x + x\sin x)^2}\,dx$ 값을 구하여라.

👈 풀이

$$\int_0^{\frac{\pi}{2}} \frac{x^2}{(\cos x + x\sin x)^2}\,dx = \int_0^{\frac{\pi}{2}} \frac{x^2(\sin^2 x + \cos^2 x)}{(\cos x + x\sin x)^2}\,dx$$

$$= \int_0^{\frac{\pi}{2}} \frac{x\sin x(\cos x + x\sin x) - x\cos x(\sin x - x\cos x)}{(\cos x + x\sin x)^2}\,dx$$

$$= \int_0^{\frac{\pi}{2}} \left(\frac{\sin x - x\cos x}{\cos x + x\sin x}\right)' dx = \frac{2}{\pi}$$

[문제181] 정적분 $\displaystyle\int_0^1 e^{\sqrt{e^x}}\,dx + 2\int_e^{e^{\sqrt{e}}} \ln(\ln x)\,dx$ 값을 구하여라.

👉 **풀이**

$$\int_0^1 e^{\sqrt{e^x}}\,dx + 2\int_e^{e^{\sqrt{e}}} \ln(\ln x)\,dx$$

$$\xLeftrightarrow[\ln x = v]{\sqrt{e^x} = u} = 2\int_1^{\sqrt{e}} \frac{e^u}{u}\,du + 2\int_1^{\sqrt{e}} e^v \ln v\,dv$$

$$= 2\int_1^{\sqrt{e}} e^x\left(\frac{1}{x} + \ln x\right)dx = 2\int_1^{\sqrt{e}} (e^x \ln x)'\,dx = e^{\sqrt{e}}$$

[문제182] 정적분 $\displaystyle\int_0^1 \frac{x}{\sqrt{(x^2+x+1)^3}}\,dx$ 값을 구하여라.

👉 **풀이**

$$\int_0^1 \frac{x}{\sqrt{(x^2+x+1)^3}}\,dx$$

$$= \frac{1}{2}\int_0^1 \frac{2x+1}{\sqrt{(x^2+x+1)^3}}\,dx - \frac{1}{2}\int_0^1 \frac{1}{\sqrt{(x^2+x+1)^3}}\,dx$$

$$= \frac{1}{2}\int_0^1 \frac{d(x^2+x+1)}{\sqrt{(x^2+x+1)^3}} - \frac{3\sqrt{3}}{16}\int_0^1 \frac{dx}{\sqrt{\left[\left(\dfrac{2x+1}{\sqrt{3}}\right)^2+1\right]^3}} \quad\xleftarrow{\quad\dfrac{2x+1}{\sqrt{3}}=\tan\theta\quad}$$

$$= -\left[\frac{1}{\sqrt{x^2+x+1}}\right]_0^1 - \frac{9}{32}\int_{\frac{\pi}{6}}^{\frac{\pi}{3}} \cos\theta\,d\theta = \frac{73}{64} - \frac{67\sqrt{3}}{252}$$

[문제183] 정적분 $\displaystyle\int_0^1 \frac{4x+3}{\left(x^2-x+1\right)^2}\,dx$ 값을 구하여라.

👉 **풀이**

$$\int_0^1 \frac{4x+3}{\left(x^2-x+1\right)^2}\,dx$$

$$\xleftrightarrow{\;x=y+\frac{1}{2}\;} = 4\int_{-\frac{1}{2}}^{\frac{1}{2}} \frac{y}{\left(y^2+\frac{3}{4}\right)^2}\,dy + 5\int_{-\frac{1}{2}}^{\frac{1}{2}} \frac{1}{\left(y^2+\frac{3}{4}\right)^2}\,dy$$

$$\xleftrightarrow[\text{우함수}]{\text{기함수}}$$

$$= 10\int_0^{\frac{1}{2}} \frac{1}{\left(y^2+\frac{3}{4}\right)^2}\,dy \xleftarrow{\;y=\frac{\sqrt{3}}{2}\tan\theta\;} = \frac{80\sqrt{3}}{9}\int_0^{\frac{\pi}{6}} \cos^2\theta\,d\theta$$

$$= \frac{10}{3} + \frac{20\sqrt{3}}{27}$$

[문제184] 정적분 $\displaystyle\int_0^{\frac{\pi}{2}} \ln(\tan x)\,dx$ 값을 구하여라.

 풀이

$$\int_0^{\frac{\pi}{2}} \ln(\tan x)\,dx$$

$$= \int_0^{\frac{\pi}{2}} \ln(\sin x)\,dx - \int_0^{\frac{\pi}{2}} \ln(\cos x)\,dx \xleftrightarrow{\ [\text{문제}129,(1)]\ }$$

$$= \int_0^{\frac{\pi}{2}} \ln(\cos x)\,dx - \int_0^{\frac{\pi}{2}} \ln(\cos x)\,dx = 0$$

[문제185] 정적분 $\displaystyle\int_0^1 \left(\frac{x}{1+x}\right)\sqrt{1-x^2}\,dx$ 값을 구하여라.

👉 **풀이**

$$\int_0^1 \left(\frac{x}{1+x}\right)\sqrt{1-x^2}\,dx = \int_0^1 x\sqrt{\frac{1-x}{1+x}}\,dx \xleftarrow{x=\cos(2y)}$$

$$= 4\int_0^{\frac{\pi}{4}} \sin^2 y\,dy - 8\int_0^{\frac{\pi}{4}} \sin^4 y\,dy$$

$$= 2\int_0^{\frac{\pi}{4}} 1-\cos(2y)\,dy - \int_0^{\frac{\pi}{4}} 3-4\cos(2y)+\cos(4y)\,dy$$

$$= 1 - \frac{\pi}{4}$$

[문제186] 정적분 $\displaystyle\int_{\frac{\pi}{4}}^{\frac{\pi}{2}}\left(\sqrt{\dfrac{\sin x}{x}}+\cos x\sqrt{\dfrac{x}{\sin x}}\right)dx$ 값을 구하여라.

👉 풀이

$$\int_{\frac{\pi}{4}}^{\frac{\pi}{2}}\left(\sqrt{\frac{\sin x}{x}}+\cos x\sqrt{\frac{x}{\sin x}}\right)dx$$

$$=2\int_{\frac{\pi}{4}}^{\frac{\pi}{2}}\frac{1}{2\sqrt{x}}\left(\sqrt{\sin x}\right)+\sqrt{x}\left(\frac{\cos x}{2\sqrt{\sin x}}\right)dx$$

$$=2\int_{\frac{\pi}{4}}^{\frac{\pi}{2}}\left(\sqrt{x}\right)'\sqrt{\sin x}+\sqrt{x}\left(\sqrt{\sin x}\right)'dx\ =2\int_{\frac{\pi}{4}}^{\frac{\pi}{2}}\left(\sqrt{x\sin x}\right)'dx$$

$$=\sqrt{2\pi}-\sqrt{\frac{\pi}{\sqrt{2}}}$$

[문제187] 정적분 $\displaystyle\int_0^1 \left(\sum_{i=1}^n x^{i-1}\right)\left(\sum_{j=1}^n (2j-1)x^{j-1}\right)dx$ 값을 구하여라.

👉 **풀이**

$f(x) = x + x^3 + x^5 + \cdots + x^{2n-1}$

$\Rightarrow f(\sqrt{x}) = \sqrt{x} + \sqrt{x^3} + \cdots + \sqrt{x^{2n-1}}$

$f'(x) = 1 + 3x^2 + 5x^4 + \cdots + (2n-1)x^{2n-2}$

$\Rightarrow f'(\sqrt{x}) = 1 + 3x + 5x^2 + \cdots + (2n-1)x^{n-1}$

$\Rightarrow \dfrac{f(\sqrt{x})}{\sqrt{x}} = 1 + x + x^2 + \cdots + x^{n-1}$

$\Rightarrow \dfrac{f(\sqrt{x})f'(\sqrt{x})}{\sqrt{x}} = \left(\sum_{i=1}^n x^{i-1}\right)\left(\sum_{j=1}^n (2j-1)x^{j-1}\right)$

$\therefore \displaystyle\int_0^1 \left(\sum_{i=1}^n x^{i-1}\right)\left(\sum_{j=1}^n (2j-1)x^{j-1}\right)dx$

$= \displaystyle\int_0^1 \dfrac{f(\sqrt{x})f'(\sqrt{x})}{\sqrt{x}}\,dx = \int_0^1 d\big(f(\sqrt{x})^2\big) = \Big[f(\sqrt{x})^2\Big]_0^1$

$= f(1)^2 - f(0)^2 = n^2$

[문제188] 정적분 $\displaystyle\int_0^{\frac{\pi}{2}} \frac{dx}{(\sin(x+a)+\cos x)^2}$ 값을 구하여라.

👉 **풀이**

$$\int_0^{\frac{\pi}{2}} \frac{dx}{(\sin(x+a)+\cos x)^2} = \int_0^{\frac{\pi}{2}} \frac{1}{[\cos a \sin x + (1+\sin a)\cos x]^2} dx$$

$$= \int_0^{\frac{\pi}{2}} \frac{\sec^2 x \, dx}{[(1+\sin a)+\cos a \tan x]^2}$$

$$= \sec a \int_0^{\frac{\pi}{2}} \frac{d((1+\sin a)+\cos a \tan x)}{[(1+\sin a)+\cos a \tan x]^2}$$

$$= -\sec a \left[\frac{1}{(1+\sin a)+\cos a \tan x} \right]_0^{\frac{\pi}{2}} = \frac{\sec a}{1+\sin a}$$

[문제189] 정적분 $\displaystyle\int_0^{\frac{\pi}{2}} \frac{1-\sin 2x}{(1+\sin 2x)^2}\, dx$ 값을 구하여라.

👉 **풀이**

$$\sin(2\theta) = \frac{2\sin\theta\cos\theta}{\sin^2\theta+\cos^2\theta} = \frac{2\tan\theta}{1+\tan^2\theta} \cdots\cdots (1)$$

$$\therefore \int_0^{\frac{\pi}{2}} \frac{1-\sin 2x}{(1+\sin 2x)^2}\, dx \stackrel{(1)}{\longleftrightarrow}$$

$$= \int_0^{\frac{\pi}{2}} \frac{1-\dfrac{2\tan x}{1+\tan^2 x}}{\left(1+\dfrac{2\tan x}{1+\tan^2 x}\right)^2}\, dx = \int_0^{\frac{\pi}{2}} \frac{(1-\tan x)^2}{(1+\tan x)^4}\sec^2 x\, dx$$

$$\stackrel{y=\tan x}{\longleftrightarrow} = \int_0^{\infty} \frac{(1-y)^2}{(1+y)^4}\, dy \stackrel{1+y=z}{\longleftrightarrow} = \int_1^{\infty} \frac{(2-z)^2}{z^4}\, dz = \frac{1}{3}$$

[문제190] 정적분 $\displaystyle\int_{0}^{\frac{\pi}{4}} \left(\dfrac{\cos x}{\sin x + \cos x} \right)^2 dx$ 값을 구하여라.

풀이

$$\int_0^{\frac{\pi}{4}} \left(\frac{\cos x}{\sin x + \cos x} \right)^2 dx = \int_0^{\frac{\pi}{4}} \left[\frac{\cos\left(\frac{\pi}{4} + x - \frac{\pi}{4} \right)}{\sqrt{2}\,\sin\left(\frac{\pi}{4} + x \right)} \right]^2 dx$$

$$= \frac{1}{4} \int_0^{\frac{\pi}{4}} \frac{\left[\cos\left(\frac{\pi}{4} + x \right) + \sin\left(\frac{\pi}{4} + x \right) \right]^2}{\sin^2\left(\frac{\pi}{4} + x \right)} dx$$

$$= \frac{1}{4} \int_0^{\frac{\pi}{4}} 1 + 2\cot\left(\frac{\pi}{4} + x \right) + \cot^2\left(\frac{\pi}{4} + x \right) dx$$

$$= \frac{1}{4} \int_0^{\frac{\pi}{4}} \mathrm{cosec}^2\left(\frac{\pi}{4} + x \right) + 2\cot\left(\frac{\pi}{4} + x \right) dx$$

$$= \frac{1}{4} \left[-\cot\left(\frac{\pi}{4} + x \right) + 2\ln\left(\sin\left(\frac{\pi}{4} + x \right) \right) \right]_0^{\frac{\pi}{4}}$$

$$= \frac{1}{4} (1 + \ln 2)$$

[문제191] 정적분 $\displaystyle\int_0^1 \frac{(1-x^2)}{(1+x^2)\sqrt{1+x^4}}\, dx$ 값을 구하여라.

👉 **풀이**

$$\int_0^1 \frac{(1-x^2)}{(1+x^2)\sqrt{1+x^4}}\, dx = -\int_0^1 \frac{1-x^{-2}}{(1+x^{-2})x\sqrt{x^2+x^{-2}}}\, dx$$

$$= -\int_0^1 \frac{1-x^{-2}}{(x+x^{-1})\sqrt{(x+x^{-1})^2-2}}\, dx \xleftarrow{\ x+x^{-1}=y\ }\longrightarrow$$

$$= \int_2^\infty \frac{1}{y\sqrt{y^2-2}}\, dy \xleftarrow{\ y=\sqrt{2}\sec\theta\ }$$

$$= \int_{\frac{\pi}{4}}^{\frac{\pi}{2}} 2^{-\frac{1}{2}}\, d\theta = \frac{\pi}{4\sqrt{2}}$$

[문제192] 정적분 $\displaystyle\int_0^{\frac{\pi}{2}} \frac{\sin^3 x}{\sin x + \cos x}\, dx$ 값을 구하여라.

풀이

$$I = \int_0^{\frac{\pi}{2}} \frac{\sin^3 x}{\sin x + \cos x}\, dx \xleftrightarrow{\text{[문제129,(1)]}} = \int_0^{\frac{\pi}{2}} \frac{\cos^3}{\sin x + \cos x}\, dx$$

식을 더하면,

$$\Rightarrow 2I = \int_0^{\frac{\pi}{2}} \frac{\sin^3 x + \cos^3 x}{\sin x + \cos x}\, dx$$

$$= \int_0^{\frac{\pi}{2}} \frac{(\sin^2 x + \cos^2 x)(\sin x + \cos x) - \sin x \cos x (\sin x + \cos x)}{\sin x + \cos x}\, dx$$

$$= \int_0^{\frac{\pi}{2}} 1 - \sin x \cos x\, dx = \int_0^{\frac{\pi}{2}} 1 - \frac{1}{2}\sin 2x\, dx = \frac{1}{2}(\pi - 1)$$

$$\therefore I = \frac{1}{4}(\pi - 1)$$

[문제193] 정적분 $\displaystyle\int_{\frac{\pi}{2}}^{\frac{2\pi}{3}} \frac{dx}{\sin x\,\sqrt{1-\cos x}}$ 값을 구하여라.

$$\int_{\frac{\pi}{2}}^{\frac{2\pi}{3}} \frac{dx}{\sin x\sqrt{1-\cos x}}$$

$$\xrightarrow{\substack{t=\tan\left(\frac{x}{2}\right),\ dx=\dfrac{2dt}{1+t^2} \\ \dfrac{1-t^2}{1+t^2}=\cos x,\ \dfrac{2t}{1+t^2}=\sin x}} = \int_{1}^{\sqrt{3}} \sqrt{\frac{1+t^2}{2t^4}}\ dt$$

$$\xrightarrow{\tan u=t} = \frac{1}{\sqrt{2}}\int_{\frac{\pi}{4}}^{\frac{\pi}{3}} \frac{1}{\cos u\sin^2 u}\ du$$

$$= \frac{1}{\sqrt{2}}\int_{\frac{\pi}{4}}^{\frac{\pi}{3}} \frac{\sin^2 u+\cos^2 u}{\cos u\sin^2 u}du$$

$$= \frac{1}{\sqrt{2}}\int_{\frac{\pi}{4}}^{\frac{\pi}{3}} \sec u+\frac{\cos u}{\sin^2 u}\ du = \frac{1}{\sqrt{2}}\Big[\ln(\sec u+\tan u)\Big]_{\frac{\pi}{4}}^{\frac{\pi}{3}}$$

$$-\frac{1}{\sqrt{2}}\left[\frac{1}{\sin u}\right]_{\frac{\pi}{4}}^{\frac{\pi}{3}}$$

$$= \frac{1}{\sqrt{2}}\left(\sqrt{2}-\frac{2}{\sqrt{3}}+\ln\left(\frac{2+\sqrt{3}}{\sqrt{2}+\sqrt{3}}\right)\right)$$

[문제194] 정적분 $\displaystyle\int_0^{\frac{\pi}{2}} \frac{\cos x}{a\cos x + b\sin x}\,dx$ 값을 구하여라.

👉 풀이

$I = \displaystyle\int_0^{\frac{\pi}{2}} \frac{\cos x}{a\cos x + b\sin x}\,dx$, $J = \displaystyle\int_0^{\frac{\pi}{2}} \frac{\sin x}{a\cos x + b\sin x}\,dx$라고 하자.

$\Rightarrow aI + bJ = \displaystyle\int_0^{\frac{\pi}{2}} 1\,dx = \frac{\pi}{2}$, $bI - aJ = \displaystyle\int_0^{\frac{\pi}{2}} \frac{b\cos x - a\sin x}{a\cos x + b\sin x}\,dx$

$\qquad = \left[\ln(a\cos x + b\sin x)\right]_0^{\frac{\pi}{2}} = \ln\left(\frac{b}{a}\right)$

$\Rightarrow a^2 I + b^2 I = a(aI + bJ) + b(bI - aJ) = \left(\frac{\pi}{2}\right)a + b\ln\left(\frac{b}{a}\right)$

$\Rightarrow \therefore I = \dfrac{1}{a^2 + b^2}\left(\dfrac{a\pi}{2} + b\ln\dfrac{b}{a}\right)$

[문제195] 정적분 $\displaystyle\int_{\frac{\pi}{2}}^{\frac{3\pi}{2}} \left| \left(\frac{2}{x^3} + \frac{1}{x} \right) \sin x \right| dx$ 값을 구하여라.

👉 **풀이**

$$\int_{\frac{\pi}{2}}^{\frac{3\pi}{2}} \left| \left(\frac{2}{x^3} + \frac{1}{x} \right) \sin x \right| dx$$

$$= \int_{\frac{\pi}{2}}^{\frac{3\pi}{2}} \left| \left(\frac{2\sin x}{x^3} - \frac{\cos x}{x^2} \right) + \left(\frac{\cos x}{x^2} + \frac{\sin x}{x} \right) \right| dx$$

$$= \int_{\frac{\pi}{2}}^{\frac{3\pi}{2}} \left| \left(\frac{x^2\cos x - 2x\sin x}{x^4} \right) + \left(\frac{-x\sin x - \cos x}{x^2} \right) \right| dx$$

$$= \int_{\frac{\pi}{2}}^{\frac{3\pi}{2}} \left| \left(\frac{\sin x}{x^2} + \frac{\cos x}{x} \right)' \right| dx = \left[\left| \frac{\sin x}{x^2} + \frac{\cos x}{x} \right| \right]_{\frac{\pi}{2}}^{\frac{3\pi}{2}} = \frac{6\pi - 32}{9\pi^2}$$

[문제196] 정적분 $\displaystyle\int_0^1 \ln\left(\sqrt{1-x} + \sqrt{1+x}\right) dx$ 값을 구하여라.

👉 풀이

$$\int_0^1 \ln\left(\sqrt{1-x} + \sqrt{1+x}\right) dx$$

$$\xleftarrow{x=\sin\theta} = \frac{1}{2}\int_0^{\frac{\pi}{2}} \ln\left(\sqrt{1-\sin\theta} + \sqrt{1+\sin\theta}\right)^2 \cos\theta\, d\theta$$

$$= \frac{1}{2}\int_0^{\frac{\pi}{2}} \ln\left(2 + 2\cos\theta\right) \cos\theta\, d\theta$$

$$= \int_0^{\frac{\pi}{2}} \ln\left(2\cos\frac{\theta}{2}\right) \cos\theta\, d\theta \xleftarrow{\quad f(\theta)=\ln\left(2\cos\frac{\theta}{2}\right),\ f'(\theta) = \dfrac{-\sin\frac{\theta}{2}}{2\cos\frac{\theta}{2}}\quad}_{g'(\theta)=\cos\theta,\ g(\theta)=\sin\theta}$$

$$= \ln\sqrt{2} + \int_0^{\frac{\pi}{2}} \sin^2\left(\frac{\theta}{2}\right) d\theta = \ln\sqrt{2} + \frac{\pi}{4} - \frac{1}{2}$$

[문제197] 정적분 $\displaystyle\int_{-1}^{1} \frac{x^2}{1+e^x}\,dx$ 값을 구하여라.

👉 풀이

$$f(x) = \int_{-x}^{x} \frac{t^2}{1+e^t}\,dt \xrightarrow{\text{양변 미분}} f'(x) = \frac{x^2}{1+e^x} + \frac{x^2}{1+e^{-x}} = x^2$$

$$\Rightarrow f(x) = \frac{x^3}{3} + c \xrightarrow{x=0} c = f(0) = 0 \Rightarrow f(x) = \frac{x^3}{3}$$

$$\Rightarrow \therefore \int_{-1}^{1} \frac{x^2}{1+e^x}\,dx = f(1) = \frac{1}{3}$$

[문제198] 정적분 $\displaystyle\int_{0}^{\frac{\pi}{2}} \frac{\ln\left(1 + a\sin^2 x\right)}{\sin^2 x}\, dx$ 값을 구하여라.

$$\int \frac{dx}{1+x^2} \xleftrightarrow{x=\tan\theta} \theta+c, \ (x=\tan\theta) \ \cdots\cdots (1)$$

$$I(a) = \int_0^{\frac{\pi}{2}} \frac{\ln(1+a\sin^2 x)}{\sin^2 x} dx 라고 \ 하자. \ I(0)=0$$

$$I'(a) = \int_0^{\frac{\pi}{2}} \frac{1}{1+a\sin^2 x} dx$$

$$\xleftrightarrow[\sin x = \frac{t}{\sqrt{1+t^2}}]{\tan x = t} = \int_0^{\infty} \frac{1}{1+(a+1)t^2} dt$$

$$= \frac{1}{\sqrt{a+1}} \int_0^{\infty} \frac{d(\sqrt{a+1}\,t)}{1+(\sqrt{a+1}\,t)^2} \xleftrightarrow[\sqrt{a+1}\,t=\tan\theta]{(1)}$$

$$= \frac{1}{\sqrt{a+1}} [\theta]_{0\,=\,\tan\theta}^{\infty\,=\,\tan\theta} = \frac{\pi}{2\sqrt{a+1}}$$

$$\xrightarrow{\text{양변을 적분}} I(a) = \pi\sqrt{a+1}+c \xrightarrow{a=0}$$

$$0 = I(0) = \pi+c \Rightarrow c = -\pi$$

$$\therefore \int_0^{\frac{\pi}{2}} \frac{\ln(1+a\sin^2 x)}{\sin^2 x} dx = I(a) = \pi(\sqrt{a+1}-1)$$

[문제199] 정적분 $\displaystyle\int_0^\pi \frac{x}{1+\cos^2 x}\,dx$ 값을 구하여라.

👉 **풀이**

$$\int_0^\pi \frac{x}{1+\cos^2 x}\,dx$$

$$= \int_0^{\frac{\pi}{2}} \frac{x}{1+\cos^2 x}\,dx + \int_{\frac{\pi}{2}}^\pi \frac{x}{1+\cos^2 x}\,dx \xleftarrow{\ x=\pi-t\ }$$

$$= \int_0^{\frac{\pi}{2}} \frac{x}{1+\cos^2 x}\,dx + \int_0^{\frac{\pi}{2}} \frac{\pi-t}{1+\cos^2 t}\,dt$$

$$= \pi \int_0^{\frac{\pi}{2}} \frac{1}{1+\cos^2 x}\,dx \xleftrightarrow{\ \tan x = y\ } = \pi \int_0^\infty \frac{1}{2+y^2}\,dy$$

$$\xleftarrow[\dfrac{y}{\sqrt{2}}=\tan\theta]{[\text{문제}]198,(1)]} = \frac{\pi}{2}\big[\theta\big]_{0\,=\,\tan\theta}^{\infty\,=\,\tan\theta} = \frac{\pi^2}{4}$$

[문제200] 정적분 $\displaystyle\int_0^{2\pi} e^{\cos x} \cos(\sin x)\,dx$ 값을 구하여라.

👉 풀이

$$f(\theta) = \int_0^{2\pi} e^{\theta \cos x} \cos(\theta \sin x)\,dx \xrightarrow{\text{양변 미분}}$$

$$\Rightarrow f'(\theta) = \int_0^{2\pi} e^{\theta \cos x}\left(\cos x \cos(\theta \sin x) - \sin x \sin(\theta \sin x)\right)dx$$

$$= \int_0^{2\pi} \frac{e^{\theta \cos x}}{\theta}\left[\theta \cos x \cos(\theta \sin x) - \theta \sin x \sin(\theta \sin x)\right]dx$$

$$= \int_0^{2\pi} \frac{1}{\theta}\left(e^{\theta \cos x} \sin(\theta \sin x)\right)' dx$$

$$= \frac{1}{\theta}\left[e^{\theta \cos x} \sin(\theta \sin x)\right]_0^{2\pi} = 0 \Rightarrow f(\theta) = c$$

$$\Rightarrow c = f(0) = \int_0^{2\pi} dx = 2\pi \Rightarrow f(x) = 2\pi$$

$$\therefore \int_0^{2\pi} e^{\cos x} \cos(\sin x)\,dx \xleftrightarrow{\theta = 1} = f(1) = 2\pi$$

저자 _곽성은

- 조선대학교 수학과 수학박사(1992년)
- 조선대학교 수학과 초빙객원교수(현재)
- 세계 스도쿠대회 한국출제위원장(현재)
- 한국 창의퍼즐협회 이사(현재)

인피니트 ∞ 수학

대입 수학 논술 1

초판 1쇄 인쇄 | 2020년 9월 21일
초판 1쇄 발행 | 2020년 9월 25일

저　　자 | 곽성은
펴 낸 이 | 김호석
펴 낸 곳 | 도서출판 대가
기　　획 | 김호석
편 집 부 | 박은주
마 케 팅 | 오중환
경영지원 | 김소영·박미경

등　　록 | 제311-47호
주　　소 | 경기도 고양시 일산동구 무궁화로 32-21 로데오메탈릭타워 405호
전　　화 | (02) 305-0210 / 306-0210 / 336-0204
팩　　스 | (031) 905-0221
전자우편 | dga1023@hanmail.net
홈페이지 | www.bookdaega.com

ISBN　 | 978-89-6285-256-1 43370

이 도서의 국립중앙도서관 출판예정도서목록(CIP)은 서지정보유통지원시스템 홈페이지
(http://seoji.nl.go.kr)와 국가자료종합목록시스템(http://www.nl.go.kr/kolisnet)에서
이용하실 수 있습니다. (CIP제어번호 : CIP2020038028)